Reinhold Ruthe
Weck, was in ihnen steckt!

Reinhold Ruthe

Weck, was in ihnen steckt!

So motivieren Sie lustlose, desinteressierte und unkonzentrierte Kinder

Brendow
Buch · Kunst · Verlag

Die Deutsche Bibliothek – CIP-Einheitsaufnahme

Ruthe, Reinhold:
Weck, was in ihnen steckt! : so motivieren Sie lustlose, desinteressierte und
unkonzentrierte Kinder / Reinhold Ruthe. – Moers : Brendow, 1999
  (Edition C : M ; 243)
  ISBN 3-87067-762-7

ISBN 3-87067-762-7
Edition C, M 243
© 1999 by Brendow Verlag, D-47443 Moers
Einbandgestaltung: Kortüm + Georg, Agentur für Kommunikation, Münster
Satz: Convertex, Aachen
Druck und Bindung: Brendow Druck, Moers
Printed in Germany

Inhalt

Vorwort

Faulheit ist lernbar.

Das erschreckt viele Erzieher und Lehrer. In der Tat:

❑ Kinder lernen schwimmen, und Kinder lernen Faulheit.

❑ Kinder lernen schreiben, und Kinder lernen, sich zu drücken.

❑ Kinder lernen das Einmaleins, und Kinder lernen, sich zu verweigern.

Faulheit ist ein gut plaziertes Argument gegen Autoritätspersonen, die Macht ausüben. Kinder, die nicht freiwillig gewonnen werden, rebellieren auf eigenwillige Weise. Faulheit ist ein stiller, aber durchschlagender Protest. Faulheit ist eine wortlose Kampfansage.

Wir alle lernen Gutes und Schlechtes, Hilfreiches und Destruktives. Faulheit ist ein erfolgreiches Verhaltensmuster, um Eltern und Erzieher mobil zu machen. Für Kinder, die einen Elternteil bestrafen wollen, ist Faulheit ein treffsicherer Denkzettel. Eltern und Erzieher zerbrechen sich die Köpfe.

❑ Ist Faulheit angeboren?

❑ Ist Faulheit ein seelisches Fehlverhalten?

❑ Ist Faulheit eine Antriebshemmung?

❑ Ist Faulheit eine Überforderung durch unsere Leistungsgesellschaft?

❑ Ist die Reizüberflutung schuld?

❑ Sind Reformen und Lehrermangel die Ursachen?

Wir möchten so gern die Schuld auf Schulen, Kultusministerien, Lehrer und alle möglichen Umstände abwälzen.

Fachlich formuliert: Faulheit ist eine Lern- und Arbeitsstörung.
Mit Faulheit sind

- Desinteresse
- Gleichgültigkeit
- Widerstand
- Unlust
- Machtkämpfe
- Aggressionen

- Lernblockaden
- Denkblockaden
- Entwicklungsstörungen
- Behinderungen
- Ängste
- und psychosomatische Störungen verbunden.

Wie kommen diese Verhaltens- und Einstellungsmuster zustande?

Wie spielen Eltern und Kinder, Geschwister untereinander und Kinder mit Lehrern zusammen?

Im Zusammenspiel steckt der Wurm. Das Beziehungsgefüge ist angeknackst. Die Gemeinschaft spiegelt Störungen wider.

> Faulheit ist ein stiller, aber durchschlagender Protest. Faulheit ist eine wortlose Kampfansage.

Darum ist Faulheit nicht mit Nachhilfe zu regulieren. Die familiären und zwischenmenschlichen Beziehungen müssen geklärt werden. Der innere und äußere Widerstand des Schülers muss allen Beteiligten durchschaubar und bewußt sein.

Die Frage nach der Intelligenz soll nicht zu kurz kommen. Ist Faulheit ein Problem mangelnder Intelligenz? Oder wurden Gaben vernachlässigt, die in der Schule keinen hohen Stellenwert haben?
Für uns ist wichtig:

- Was bezweckt das Kind mit Faulheit?
- Wovor flieht es?
- Vor was sucht es auszuweichen?
- Will das Kind sich rächen?
- Gibt es seinen Frust auf diese Weise preis?
- Gegen wen richtet sich sein destruktives Verhalten?

Das Buch will konkrete Hilfen vermitteln,

... wie Faulheit verhindert werden kann,

... wie Kinder erfolgreich lernen,

... wie Kinder motiviert werden, ihre Gaben effektiv zu entfalten,

... wie Eltern Machtkämpfen aus dem Weg gehen,

... wie Eltern und Erzieher mit Widerstand, Lernblockaden und schulischem Desinteresse fertig werden.

Faulheit ist weniger eine Intelligenzfrage, Faulheit ist in erster Linie ein massives Beziehungsproblem. Was bringt Kinder und Eltern auseinander? Was bringt Eltern und Kinder gegeneinander auf?

Dieses Buch ist das Ergebnis jahrelanger Beratungsarbeit mit Eltern, Kindern und Familien. Ich hoffe, dass Ihnen die Beispiele und Anregungen in Ihrer Familie helfen können.

Reinhold Ruthe

1

Faulheit als Arbeitsstörung

In der Beratung geben viele Eltern vorschnell ein Urteil über ihre Sprößlinge ab. Diese Urteile klingen hart und unerbittlich. Sie sind verärgert, erschüttert und verzweifelt über eine Lebenshaltung, die sie nicht verstehen.

- ❑ „Mein Kind hat *keine* Lust zu arbeiten."
- ❑ „Unser Junge *hasst* jegliche Arbeit."
- ❑ „Unser Kind sitzt *nichtstuend* herum."
- ❑ „Unsere Tochter ist total *apathisch*."
- ❑ „Unser Kind *drückt* sich, wo es kann."

Was steckt hinter solchen Feststellungen? Ist der Mensch von Natur aus träge und faul? Besitzt er eine angeborene Lust zum Nichtstun? Wir glauben das nicht. Der Mensch ist von Kind an ein Wesen voller Aktivität, voller Tatendrang. Er bewegt, er greift um sich. Er strebt vorwärts, er zeigt Initiative und will die Welt durch Spiel und Interesse kennenlernen.

> **Faulheit hat bei jedem Kind einen anderen Hintergrund. Sie wird aus verschiedenen Quellen gespeist. Immer handelt es sich aber um Abwehrmethoden, deren Sinn und Zweck zu klären sind.**

Ist das Kind faul und träge, arbeitsunlustig und abweisend, liegt eine grundlegende Persönlichkeitsstörung vor. Faulheit hat bei jedem Kind einen anderen Hintergrund. Sie wird aus verschiedenen Quellen gespeist. Immer handelt es sich aber um Abwehrmethoden, deren Sinn und Zweck zu klären sind. Erst wenn wir die unbewussten Motive des Kindes erkannt haben, die sich aus einem Geflecht von dynamischen Wechselbeziehungen in der Familie und in der Schule entwickelt haben, können wir dem Kind helfen.

Faulheit ist Interesselosigkeit

Eine Ursache der Faulheit beschreibt der Jugendpsychiater Reinhard Lempp und charakterisiert sie so:

„Ich will hier nicht auf den alten Einwand von der Faulheit der Kinder eingehen. Es gibt keine faulen Kinder, es gibt nur desinteressierte Kinder. Ein Kind hat in einem bestimmten Fach entweder ein mitgebrachtes Interesse, oder das Interesse kann vom Lehrer des betreffenden Fachs geweckt werden." [1]

Herr Berger ist Jazzpianist. Ein beneidenswerter Musiker. Wenn er Konzerte gibt, jubelt man ihm zu. Mit unbeschreiblich leichter Hand tänzeln die Finger auf den Tasten. Sein neunjähriger Sohn Karsten will auch Pianist werden. Er freut sich auf den ersten Unterricht bei einem alten Lehrer, den der Vater ausgesucht hat. Der Vater hat ihm ein Klavier geschenkt, das er in seinem großen Kinderzimmer traktieren darf. Karsten hat einmal in der Woche Unterricht, hält diesen Unterricht auch drei Jahre durch und bricht dann eines Tages das Klavierspiel abrupt ab und will nie wieder in seinem Leben ein Instrument anrühren, wie er sagt.

Was ist hier schiefgelaufen? Wie kam es zur völligen Enttäuschung? Ich will einige Punkte erwähnen, die in diesem Fall eine Rolle gespielt haben. In der Regel sind es mehrere Faktoren, die allmählich die Abwehr vergrößern und den Unwillen verstärken. Das Interesse erlahmt.

1. Der Vater war ein großartiger Pianist, aber seine Frau, die den Unterricht überwachte, eine schlechte Pädagogin. Wenn Karsten nicht gehorchte, bekam er von seiner Mutter zu hören: „Dauernd

13

muss ich dich zehnmal rufen, und du kommst nicht. Jetzt übst du dafür eine halbe Stunde länger." Der Unterricht macht keine Freude mehr, er wird als Bestrafung empfunden.

2. Der alte Lehrer hatte dem Vater einen Gefallen tun wollen, als er zusagte, Karsten zu unterrichten. Im Grunde war der Lehrer ständig verstimmt, weil er mit einem Anfänger arbeiten musste. Die Verstimmung wirkte sich negativ auf die Lern- und Übungsbereitschaft von Karsten aus. Hinzu kam, dass der Lehrer ständig seine Unzufriedenheit über dessen mangelnden Fortschritt äußerte. Aus dem Spiel wurde bitterer Ernst, aus der Freude saure Arbeit.

Faulheit – oder unsere Einstellung zur Arbeit ist falsch

Wenn es Eltern und Erziehern gelingt, die Einstellung zur Arbeit und zum Spiel grundlegend zu ändern, werden neurotische Arbeitsstörungen auf ein Minimum reduziert. Wir sind mit der Vorstellung groß geworden, dass Arbeit hart, unangenehm, sauer, schwer und belastend ist. Wir halten Arbeit für eine leidige Pflicht. Wir glauben das und leben entsprechend. Allerdings wundern wir uns, wenn unsere Kinder arbeitsscheu, faul und abwehrend sind. Stellen wir uns einen Augenblick vor, unsere Einstellung zu Arbeit und Spiel sei umgekehrt: Die Arbeit macht Freude, Arbeit ist eine Lust. Wir dürfen arbeiten. Die armen Reichen müssen faulenzen. Wir freuen uns an der Tätigkeit, haben Erfolg, fühlen uns bestätigt und können ehrlichen Herzens sagen: Ohne Arbeit kann ich nicht leben. Arbeit macht das Leben süß, Arbeit ist das Salz des Lebens.

Ein Beispiel:
Jörg ist zehn Jahre und hat am Wochenende die Küche übernommen. Er freut sich darauf, für die Familie zu kochen. Das Kochen ist für ihn eine Lust. Auf der Straße spielen die Nachbars-

kinder. Nichts zieht ihn nach draußen. Die Mutter wirft einmal einen Blick in die Küche. Jörg will sich nicht helfen lassen. Er ist stolz auf seine Kochkünste, und die höchste Auszeichnung für ihn ist, wenn die Gerichte schmecken und der Familie das Wasser im Munde zusammenläuft. Jörg wirft einen Blick auf die Straße, zehn Kinder spielen Ball, alle sind verschwitzt und keuchen, einige haben Schrammen im Gesicht und an den Beinen. Die meisten von ihnen drücken sich vor den kleinsten Hausaufgaben, aber sie investieren Kraft, Schweiß und Arbeit in ihre Spiele. Jörg hat mehr Freude an seinen Kochkünsten. Das Essen hat geschmeckt. Jörg ist zufrieden. Die Mutter sagt: „Jörg, jetzt ist Schluss mit der Arbeit, du spielst jetzt. Wir werden das Geschirr abräumen und spülen. Du gehst jetzt auf die Straße und wirst Fußball spielen."

Jörg wird in dieser Familie niemals ein Faulenzer. Nach menschlichem Ermessen wird er niemals an Arbeitsstörungen leiden. Er hat Interesse an der Arbeit, Freude am Tun, Zufriedenheit am Gelingen. Er arbeitet nicht, um andere zu übertrumpfen, um anderen zu beweisen, dass er es besser kann. Für ihn ist Arbeit Spiel.

> Nützliche Betätigung an sich braucht nicht unangenehm zu sein; sie ist der Ausdruck des Lebens; sie ist nicht nur eine Aufgabe, sondern ein Bedürfnis.

Rudolf Dreikurs meint dazu: „Müssen wir wirklich die Übernahme der Pflichten weiter mit dem Gefühl von unannehmlichen Aufgaben verbinden? Hier stehen wir vor einem grundsätzlichen Problem der Erziehung – und darüber hinaus – vor einem Problem, das die ganze Menschheit wird lösen müssen ... Ein weiser Mann hat einmal gesagt: ‚Kann man sich vorstellen, dass es im Himmel keine Arbeit gibt? Wie könnte es der Himmel sein, wenn nichts zu tun ist?' Nützliche Betätigung an sich braucht nicht unangenehm zu sein; sie ist der Ausdruck des Lebens; sie ist nicht nur eine Aufgabe, sondern ein Bedürfnis ... Wir sind darauf gekommen, dass zwei- bis dreijährige Kinder

Lesen, Schreiben und Mathematik ‚wie im Spiel' erlernen können. Die Tätigkeit als solche wird als angenehm und unterhaltend angesehen, besonders da sie von jeder Frage des Tuns oder Nichtstuns frei ist. Man kann alles ‚im Spiel' erlernen, was in der Methode unseres Unterrichts nur mit Mühe eingetrichtert wird. Das kindliche Spiel ist nicht nur Vorbereitung für das praktische Leben, es ist, wie wir nun wissen, ‚Berufsausübung'."[2]

Schlussfolgerungen

❑ Der scheinbare Gegensatz zwischen Spiel und Pflicht besteht nur für Erwachsene, da das Kind sein Spiel ebenso ernst nimmt wie der Erwachsene seine Pflicht.

❑ Viele Erzieher neigen dazu, das Pflichtbewußtsein des Kindes durch Druck und Unannehmlichkeiten zu entwickeln. Sie erziehen die Kinder im Widerstand zur Schule, zum Lernen, zur Aufgabe.

❑ Viele Kinder gehen zur Schule, um andere Kinder zu überflügeln, um gescheiter und tüchtiger als andere zu werden. Sie lernen, um eines Tages eine gutbezahlte Arbeit zu bekommen. Dieser falsche Ehrgeiz läßt viele scheitern. Noch einmal Rudolf Dreikurs: „Unsere Strafanstalten, unsere Nervenheilanstalten und Spitäler sind mit überehrgeizigen Menschen bevölkert, deren Versagen im Leben direkt auf ihren übermäßigen Ehrgeiz zurückgeführt werden kann."[3]

❑ Der Beruf dient weniger der Beitragsleistung an der Gemeinschaft denn als Mittel im Prestigekampf. Wettkampf, Konkurrenz und Karrieredenken machen den Beruf zur Befriedigung des Ehrgeizes.

Wir vermitteln unseren Kindern mit dieser Einstellung ein negatives Bild vom Lernen, von der Schule und von der Arbeit.

Interesse muss geweckt werden

Schule, Lehrer und Eltern verlangen in der Regel von den Schülern Vorleistungen. Sie übersehen, dass solche Vorleistungen, die sie den Kindern abverlangen, selbst Produkte von Lernprozessen sind.

- ❑ Ob ein Junge fleißig ist,
- ❑ ob ein Mädchen leicht auffasst,
- ❑ ob sich Kinder interessiert zeigen,
- ❑ ob Kinder fragen,
- ❑ ob Kinder sich selbst umsehen,
- ❑ ob Kinder sich beteiligen,
- ❑ ob sie Übungen und Wiederholungen willig auf sich nehmen,

das alles sind Fakten von Lernprozessen. Zweifellos gibt es eine Anzahl von Grundanlagen, die sich unter anderem in unterschiedlichen Denk- und Gedächtnisleistungen ausweisen. Allerdings bekommen wir diese Anlagen niemals pur zu Gesicht. Was uns als Begabung eines Menschen entgegentritt, ist stets das Produkt aus Anlage und der Summe bisheriger Erfahrungen.

> Was uns als Begabung eines Menschen entgegentritt, ist stets das Produkt aus Anlage und der Summe bisheriger Erfahrungen.

Was übersehen Eltern und Lehrer, wenn kein Interesse vorhanden ist? Was haben Eltern und Erzieher getan, dass Kinder bestimmte Fächer meiden? Dass sie Leistungen ablehnen, Schularbeiten verurteilen und jegliche Schularbeit sabotieren?

Erich E. Geissler ist der Meinung: „Worauf sich unsere Schulen, angefangen von den Volksschulen bzw. Grundschulen bis hinauf zu den Hochschulen, heute noch so gern stützen, die angebliche Begabung, die der Schüler als Voraussetzung mitbringen soll, diese vorausgesetzte Begabung wird in dem Maße sekundär, um es noch schärfer und entschiedener zu sagen,

17

geradezu als Irrweg der Pädagogik zu betrachten sein, in dem die Lehrer jedes Erlernen des Lernens zu betreiben als ihre primäre Aufgabe erkennen werden ... Entscheidend ist niemals die Schnelligkeit des Lernvorganges. Es wird vielmehr auf die Qualität des Erreichten ankommen, gleich wie lange, gleich auch, wie intensiv daran geübt worden ist ... Wenn sich Interessen bilden lassen, dann darf man auch nicht mehr Schüler wie Studenten einfach danach beurteilen, in welchem Umfang sie Interessen immer gleich schon mitbringen. Dann wird vielmehr Interessenbildung oder – wie wir heute gewöhnlich sagen – Motivationsbildung zur ersten und wichtigsten Aufgabe eines jeden Unterrichts." [4]

> Entscheidend ist niemals die Schnelligkeit des Lernvorganges. Es wird vielmehr auf die Qualität des Erreichten ankommen, gleich wie lange, gleich auch, wie intensiv daran geübt worden ist ...

Kai hat die Lust verloren – ein Fallbeispiel

Kai ist das zweite Kind einer Lehrerfamilie. Er hat noch einen Bruder, ein Jahr älter, der den Vorstellungen seines ehrgeizigen Vaters voll entspricht. Der Vater ist ein körperbehinderter Gymnasiallehrer, der seit frühester Kindheit an starken Sehstörungen leidet, eine Brille mit dicken Gläsern trägt und einen etwas misstrauischen Eindruck macht. In Gesprächen verrät er, dass er sehr ehrgeizig ist, seit seiner Schulzeit die Organminderwertigkeit durch Leistung und gute Noten ausgeglichen hat.

Die Mutter ist eine warmherzige Frau, die sehr stolz auf ihren Mann ist und seine ehrgeizigen Pläne direkt oder indirekt unterstützt. Der Vater beherrscht die Familie. Alles hat sich seinem geistigen Anspruch unterzuordnen. Michael, der ältere Bruder, ist ein Musterschüler. Seine Noten liegen im Durchschnitt bei 1,3. Der Vater erwähnt es stolz. Überall ist Michael beliebt, bei Freunden, besonders bei den Großeltern. Die haben den ältesten Sohn verwöhnt, in den Mittelpunkt gestellt und ständig ihren Stolz unverhohlen geäußert. Der ehrgeizige Vater hat sich unbewusst stärker dem ältesten Sohn zugewandt, der gern mit ihm diskutiert, aufgeschlossen reagiert und wortgewandt dem Vater antwortet.

Kai, der zweite, schweigt. Er zieht sich zurück und führt ein Eigenleben. Schon als kleiner Junge stand er ständig im Schatten seines beliebten Bruders. In dem Maße, wie der Ältere zum Liebling aller wurde, wandelte sich Kai zum Gehemmten, Schüchternen und Introvertierten. Er gab keine Hand, antwortete nicht, wenn er gefragt wurde, und saß nur still und teilnahmslos daneben. Zwischen dem Vater und Kai entwickelten sich von Jahr zu Jahr größere Spannungen, die Leistungen in der Schule ließen mehr und mehr nach. Der Junge wurde lustloser, fauler und resignierte am Leben überhaupt. Er schmierte desinteressiert die Aufgaben herunter, saß entmutigt im Unterricht und verzichtete zunehmend auf alle Aktivitäten. Er ließ die Schultern hängen und ging nach vorn gebeugt. Der Vater zwang ihn zum Schwimmen, damit er eine bessere Haltung bekäme. Der Vater ließ einen Intelligenztest machen und stellte fest, dass der Junge überdurchschnittlich begabt war, die Leistungen aber den Fähigkeiten keinesfalls entsprachen. Ihm wurde geraten, eine Beratungsstelle aufzusuchen.

Vater, Mutter und Kai kamen einzeln und gemeinsam in die Beratung. Besonders der Vater zeigte zunehmendes Interesse an den Gesprächen und arbeitete aktiv mit, um seinen Erziehungsstil zu ändern und sein erzieherisches Fehlverhalten abzubauen.

Ergebnisse der Beratungsgespräche

❑ Das älteste Kind wurde mit Spannung erwartet. Es stand bei Eltern und Großeltern im Mittelpunkt. Alle Fähigkeiten wurden bestaunt. Alle Fortschritte hervorgehoben.

❏ Kai war wieder ein Junge. Er konnte gar nicht die Beachtung und Aufmerksamkeit erlangen wie sein Bruder. Zudem hatten alle Fähigkeiten einen zweitklassigen Charakter, jedenfalls in den Augen von Eltern und Großeltern. Es war ganz ausgeschlossen, das Prachtexemplar des älteren Bruders zu übertreffen. Entsprechend wurde er beurteilt. Er war und blieb der Zweite, der Jüngere, der Schwächere, der Kleinere.

❏ Den Ehrgeiz des Vaters machte sich der Ältere voll zu eigen, der zweite fiel dagegen ab. Unmerklich blieb der Älteste für den Vater im Mittelpunkt. Die Hauptgespräche spielten sich zwischen Vater und Michael ab. Kai saß stumm daneben.

❏ Im Vater wuchs unaufhörlich der Widerstand gegen den zweiten Sohn. Er kritisierte ihn schärfer, litt unter verschiedenen Verhaltensweisen und ließ ihn links liegen. Dieser Liebesentzug schürte die Resignation. Teilnahmslosigkeit und Hoffnungslosigkeit griffen um sich. Der Vater suchte einen Psychiater auf.

❏ Kai kaute Nägel und schnitt zwischendurch Grimassen. Diese Spannungsentladungen wurden vom Vater als Trotzreaktionen gewertet und entsprechend geahndet. Er musste auf beliebte Fernsehsendungen verzichten und wurde aus der Familie ausgeschlossen. Kais Verhalten besserte sich wesentlich, als die Eltern aufhörten, ihn zu beschimpfen und zu maßregeln.

❏ In Kai vergrößerte sich zunehmend sein Minderwertigkeitsgefühl, verstärkte sich seine Lebensunlust. Die Leistungen sanken rapide ab, weil er fest davon überzeugt war, seinen Platz in der Familie und in der Gruppe nicht gefunden zu haben.

❏ Der Älteste wurde ihm laut und leise, direkt und indirekt als Vorbild hingestellt. Dieses Vorbild stieß bei ihm zunehmend auf Widerstand. Er wollte total anders sein. Kai flüchtete in die Gegenposition. Der Älteste bekam einen wunderschönen Tenor, er sang in einem bekannten Chor, der zweite „röchelte", wie der Vater es nannte.

❑ Die Mutter stand im Bann des Vaters. Sie hätte sich gern dem zweiten Sohn liebevoll zugewendet, wurde aber vom Vater daran gehindert. Die Mutter respektierte die Ansichten ihres Mannes, des erfahrenen Pädagogen, um Kai nicht zu verweichlichen.

❑ Charakteristische Äußerungen des zweiten Sohnes verrieten seine lebensverneinende Einstellung. Auf die Frage: „Was möchtest du einmal werden?", antwortete er ostentativ: „Nichts." Die Worte „ist mir gleichgültig", „mir völlig egal", „spielt keine Rolle", „hat keinen Zweck", „alles ist sinnlos" tauchten verstärkt in den Gesprächen auf. Zum Ärger der Eltern bediente er sich der „Fäkalsprache", wie der Vater es nannte. Kai redete wenig, wenn aber, dann in markanten Ein-Wort-Beschreibungen: Scheiße, Mist, Käse, Sauerei usw.

❑ Besonders schockierend erlebten die Eltern, dass Kai sich nicht mit der Glaubenshaltung seiner frommen Eltern identifizieren konnte. Der Vater war Kirchenvorsteher, ging regelmäßig sonntags zum Gottesdienst. Kai wollte sich nicht konfirmieren lassen. Er hasste das fromme Getue, faltete bei Tisch nicht seine Hände und ging nicht zum Gottesdienst, obwohl er als Konfirmand mehr oder weniger dazu verpflichtet gewesen wäre. Den Konfirmandenunterricht besuchte Kai, aber als völlig passiver Zuhörer. Antworten gab er keine, Aufgaben erledigte er prinzipiell nicht. Dem Vater zuliebe sah der Pfarrer davon ab, ihm die Konfirmation zu verweigern.

Kai gewinnt die Lust am Leben und an der Schule zurück

Der Prozess der Umwandlung Kais hat sich in etwa einem Jahr vollzogen. Was war ausschlaggebend? Welche pädagogischen Hilfen hatten Erfolg? Welche Faktoren erleichterten Kai, seine Resignation aufzugeben, seine Faulheit abzulegen und sein lebens- und gemeinschaftsfeindliches Verhalten abzubauen?

1. Vater und Mutter bejahten die geschilderten Erlebnisse der Beratung. Sie wurden gemeinsam erarbeitet. Diese Grundeinstellung war die Voraussetzung für alle therapeutischen Aktionen. Besonders der Leidensdruck des Vaters war ein fruchtbarer Nährboden für einen kontinuierlichen, familiären Umwandlungsprozeß.

2. Der Vater rückte allmählich von der bei ihm fest verwurzelten Auffassung ab, sein Sohn Kai litt an einer Schizophrenie, die allein medikamentös zu behandeln sei. Bis zum Beratungsbeginn war er davon überzeugt, dass das auffällige Verhalten seines Sohnes anlagebedingt sei und kaum etwas mit zwischenmenschlichen Beziehungen zu tun habe.

3. Beide Eltern erkannten, dass sie ihrem Ältesten eine Mittelpunktrolle verschafft hatten, die der Junge mit Verhaltensmustern, die bei Eltern und Großeltern ankamen, untermauert hatte. Michael wurde bestaunt, gelobt und als Musterkind vorgeführt. Michael genoss die Beachtung und revanchierte sich mit angepasstem Verhalten. Er trat überhöflich, sehr freundlich, charmant und liebenswürdig den Bewunderern entgegen. Er stahl seinem Bruder die Show. Die Eltern hatten jederzeit das Auftreten des Ältesten mit Wohlwollen quittiert.

4. Auf die Frage in der Beratung, welchen Verhaltensweisen der Vater bei seinen Schülern in der Klasse den Vorzug gebe, antwortete er ohne Umschweife: „Fleiß, Lernbereitschaft und vor allem gutes Benehmen." Der älteste Sohn spiegelte die Eigenschaften lehrbuchreif wider, der zweite widersetzte sich energisch, weil er im Schatten des tüchtigen Bruders auf keinem dieser Gebiete Lorbeeren ernten konnte. Unbewusst war der Älteste zum Lieblingssohn und der Zweite zum Sorgenkind und zum Prügelknaben geworden.

5. Die Eltern stellten systematisch ihr Verhalten um. Bisher hatten sie sich fast ausschließlich mit dem Ältesten beschäftigt. Der Zweite war links liegen gelassen worden, weil ihm nicht beizukommen war. Die Eltern hatten es aufgegeben, Kai zum Sprechen zu bringen. Ihnen wurde klar, wer sein Kind aufgibt, der provoziert das Kind, sich selbst aufzugeben. Jetzt stellten sie zuerst an Kai ihre Fragen, zeigten echtes Interesse an seinen Leistungen, Meinungen und Neigungen. Beide Eltern ließen sich nicht entmutigen, wenn Kai stumm abwehrte und in Ruhe gelassen werden wollte.

6. Ein gemeinsamer Urlaub der Eltern – nur mit Kai –, der in der Beratung in Einzelheiten durchgesprochen war, brachte eine spürbare Wende. Der stille, gehemmte und verschlossene Junge stand plötzlich im Mittelpunkt. Der Vater war nur für ihn da. Dem Vater gelang es, nicht nur Anteilnahme zu spielen, sondern zu leben. Kai taute auf. Er gab seine trotzige und resignative Zurückhaltung auf.

7. Die Mutter hat in der Beratung erkannt, dass sie im Schlepptau ihres Mannes stand und – gegen ihr Gefühl – den zweiten Sohn noch stärker in die Isolierung und Resignation getrieben hatte. Kai hatte noch im Alter von acht Jahren versucht, die Mutter zu gewinnen, indem er fleißig im Haushalt half. Aus Angst vor ihrem Mann, der Junge könne eine weibische Art annehmen und ein verweichlichtes Muttersöhnchen werden, hatte die Mutter alle Annäherungsversuche abgelehnt.

8. Die Mutter litt unter einer übertriebenen Verantwortungsscheu, wich allen Entscheidungen aus und hielt sich daher peinlich genau an die Anweisungen ihres Ehepartners. Kai musste das Gefühl bekommen, von Gott und der Welt verlassen zu sein. Eine Reihe Ehegespräche beschäftigten sich ausschließlich mit diesem Problem. Es fiel dem Mann unsagbar schwer, seine bestimmende und entschiedene Art abzulegen und seiner Frau

mehr Entscheidungsspielraum zuzugestehen. Beide hatten sich gesucht und gefunden. Der Mann genoss seinen Führungsanspruch, die Frau ihr Anlehnungsbedürfnis.

9. Das Gespräch mit zwei Lehrern, die Kai bisher gefühlsmäßig abgelehnt hatten, war erfolgreich. Sie hatten sich bisher außerstande gesehen, mit dem Jungen zu kommunizieren. Beide hielten ihn für geisteskrank und eine Änderung für kaum möglich. In telefonischen Gesprächen wurde eine Serie gezielter Ermutigungen besprochen, um das Eis seiner Ablehnung abzutauen. Beide Lehrer berichteten übereinstimmend, dass sich die Leistungen des Jungen gebessert hätten, wenn auch die Mitarbeit noch zu wünschen übrig ließ.

10. Eine Änderung im außerschulischen Bereich gelang nach dem harmonischen Sommerurlaub. Ein Besuch des zuständigen Gemeindepfarrers in der Beratung gab den Ausschlag. Die Gemeinde suchte einen Trainer für eine Jungschar-Tischtennis-Spielgruppe, die sich im Gemeindehaus etabliert hatte. Kai konnte gut Tischtennis spielen, das hatten Gruppenleiter, die mit Kai zum Gymnasium gingen, dem Pfarrer berichtet. Leider war bis dahin die Fähigkeit des Tischtennisspielens vom Vater völlig ignoriert worden. In seinen Augen war das zwar eine nette Freizeitbeschäftigung, aber kein ernst zu nehmender Sport. Der Zeitpunkt war günstig gewählt. Kai sagte sofort zu. Der Pfarrer war selbst überrascht und riet dem Jungen, augenblicklich einen Gruppenleiterlehrgang zu absolvieren. Zum ersten Mal in seinem Leben entwickelte Kai überdurchschnittlichen Ehrgeiz. Er schnitt beim Gruppenleiterlehrgang als Bester ab. Er fühlte sich bestätigt, von der Gruppe anerkannt, entwickelte enorme pädagogische Fähigkeiten, um den Jungen das Tischtennisspiel beizubringen. Zwischenzeitlich wurde er konfirmiert, hatte seinen Hass auf die Kirche vergessen und mauserte sich zum zuverlässigsten Mitarbeiter in der Gemeinde.

In dem Maße, wie Kai sich in der Familie, in der Gruppe und in der Schule wohler fühlte, ernst genommen und auf seine Mitarbeit Wert gelegt wurde, änderte sich seine Lebenseinstellung. Sein Gang war elastischer, zügiger geworden, seine Stimme kraftvoller. In seinen Gesichtszügen spiegelte sich Lebenserwartung. Als ich ihn das letzte Mal sah, fragte ich ihn beiläufig: „Was hast du einmal vor, Kai?" Er sagte: „Genau weiß ich es nicht, aber ich denke Diplom-Sportlehrer."

2 Faulheit als Symptom

Hochgradige Faulheit und andere neurotische Symptome sind dazu da, das Persönlichkeitsgefühl des Menschen zu sichern. Symptome haben die Funktion, den Menschen das Gefühl zu vermitteln, mit dem Leben fertig zu werden. Symptome liefern dem Kind eine plausible Entschuldigung, sich vor Anforderungen auf einleuchtende Weise zu drücken. Wer ein Symptom vorzeigen kann, hat ein brauchbares Alibi. Ihm werden „mildernde Umstände" zugebilligt. Er ist entlastet. Sein Prestige ist gewahrt. Er kann sein Gesicht nicht verlieren. So verstanden sind Symptome – zum Beispiel Faulheit – „zweckdienliche Schöpfungen des Menschen" (A. Adler), die unbewusst arrangiert werden, um sich zu rechtfertigen und um sich vor Belastungen zu drücken. Das Kind glaubt an seine unbewussten Schöpfungen. Denn wären sie ihm bewusst, würde die Rechtfertigung – auch vor sich selbst – untergraben. Faulheit ist ein Symptom und weist auf eine tiefer liegende Grundstörung hin. Fehlhaltungen eines Kindes sind das Ergebnis eines längeren, verborgenen Störprozesses. Die Behandlung des Symptoms ist zwecklos. Faulheit als Symptom ist als der misslungene Versuch aufzufassen, mit verborgenen Spannungen und Konflikten fertig zu werden. Eltern, die am Symptom herumbasteln, betreiben Symptomkosmetik. Zum Beispiel: Sie wollen seelisch bedingte

> Symptome liefern dem Kind eine plausible Entschuldigung, sich vor Anforderungen auf einleuchtende Weise zu drücken. Faulheit ist ein Symptom und weist auf eine tiefer liegende Grundstörung hin.

Konzentrationsstörungen und Verträumtheit eines Kindes durch Vitamine und Aufbaupräparate heilen.

Das Symptom als Barrikade

❑ „Hätte ich diese schreckliche Gedächtnisschwäche nicht, könnte ich genügend leisten. Ich würde mein Klassenziel erreichen."

❑ „Die Konzentrationsstörungen machen mir erheblich zu schaffen, ohne sie könnte ich Doppeltes leisten."

❑ „Ich stehe so unter Stress, leide an Schlaflosigkeit und Nervosität, dass ich nicht einmal einen Bruchteil dessen leisten kann, was ich leisten müßte."

Bei Licht besehen sind es faule Ausreden. Das Kind hat diese Hindernisse aufgebaut, um sich hinter ihnen zu verstecken. Hinter der Symptom-Barrikade fühlt es sich geborgen. Diese Barrikaden sind ein ausgezeichneter Selbstschutz.

Das Kind macht sich unangreifbar. Eltern und Erzieher sind machtlos. Sie laufen gegen die Barrikaden ergebnislos an. Das Kind beruft sich erfolgreich auf seine Unfähigkeit – *wegen der Symptome.*

Die Symptomwahl: Platzangst

Welches Symptom der Schüler wählt, hängt von seinem Lebensstil, von seiner Lebenslinie und von seiner speziellen Einstellung ab, wie er Ziele anstrebt. In der Regel verrät seine spezielle Lebensmelodie, die unüberhörbar ein Leitmotiv widerspiegelt, welche Wege er beschreiten könnte, welche Symptomwahl vorgezeichnet ist. Wenn wir von einer Reaktion auf Verhältnisse sprechen, kennzeichnen wir den Vorgang zu einspurig. Die Symptomwahl ist ein Kunstwerk, eine Schöpfung, eine schöpferische Leistung, mit der der Mensch vermeintliche Niederlagen zu umgehen versucht.

Alfred Adler kommentiert das so:

„Von einer kausalen Bedingtheit ist im Hinblick auf die Neurose natürlich keine Rede; der Patient ist nicht etwa zu seinen Symptomen verpflichtet, wie man bei kausaler Betrachtung herausbekommen müßte. Es ist, als ob er sich zu seinen Symptomen verlocken, verleiten ließe. Es liegt eine Verführung des menschlichen Geistes vor, die aber so nahe liegt, dass wir sie nachfühlen können."[5]

> **Die Symptomwahl ist ein Kunstwerk, eine Schöpfung, eine schöpferische Leistung, mit der der Mensch vermeintliche Niederlagen zu umgehen versucht.**

Wir wollen an Thomas demonstrieren, wie er – auf dem Hintergrund seines Lebensstiles – ein Symptom produziert, das ihm gestattet, die Schule zu schwänzen und sich vor der Schule und den Schularbeiten zu drücken.

Thomas ist jüngstes Kind, inzwischen 17 Jahre alt, und besucht das Gymnasium. Er hat noch zwei ältere Schwestern. Seine Mutter ist eine übertrieben ängstliche Frau, die jeden Schritt von Thomas mit Argusaugen überwacht und kontrolliert. Er hat immer eine starke Beschützerin gehabt, eine Begleiterin, die nicht von seiner Seite ging. Sie wachte über alle Schritte, die kindlichen Spiele und redete pausenlos in seine Pläne hinein. Seinen Lebensstil kann man mit einem Satz umschreiben: „Ich brauche eine starke Stütze."

Als er in die obere Klasse des Gymnasiums ging, ließen seine Leistungen nach. Die Mutter konnte ihm nicht mehr helfen, und er fühlte sich schulisch im Stich gelassen und zunehmend verängstigt. Als die entscheidenden Arbeiten zur Versetzung in die Unterprima geschrieben wurden, packten ihn plötzlich „unbegreifliche Ängste". „Ich kann Ihnen das nur schwer schildern. Wenn ich morgens aus dem Haus will, bleibe ich wie erstarrt stehen. Der Boden bewegt sich. Ich sehe die Straße in

Bewegung. Ich halte mich an der Tür fest. Zuerst habe ich gedacht, meine Augen seien nicht in Ordnung. Als es öfters passierte, habe ich mir vorgestellt, ich sei geisteskrank. Ich fühlte mich plötzlich auf einer schwabbeligen Masse. Ich floh ins Haus zurück."

Was Thomas beschreibt, bezeichnen wir als Platzangst. Die Symptomwahl entspricht seiner Lebensstil-Grundhaltung. Er hat seit früher Kindheit in der Wechselbeziehung mit Mutter und den älteren Schwestern trainiert, andere für sich arbeiten zu lassen, sich von Mutter und älteren Geschwistern unterstützen, fördern und verwöhnen zu lassen. Den Mut zum Alleingang hat er verlernt. Das Vertrauen, Probleme des Lebens allein zu meistern, blieb unterentwickelt. Um nun befürchteten Niederlagen erfolgreich begegnen zu können, entwickelte er das geschilderte Platzangst-Symptom. Es funktionierte augenblicklich. Die Mutter schlug die Hände über dem Kopf zusammen, behielt den armen Jungen zu Hause und zog ihn von der Front des Lebens in die Etappe. Hier fühlte er sich wohl, nicht bedroht, nicht gefordert, nicht überbeansprucht – konnte Lehrer und Eltern davon überzeugen, dass ein Schulbesuch in dieser Verfassung unzumutbar sei.

Faulheit als Schild

Wir haben von der Funktion der Symptome gesprochen und versucht, die Symptomwahl beispielhaft zu erklären. Das Kind benutzt die Faulheit, um sich Vorteile zu verschaffen. An dieser Stelle widersprechen viele Eltern. Sie argumentieren so: „Wie kann das Kind die Faulheit benutzen, um Vorteile daraus zu ziehen, wenn es ständig beschimpft wird? Es hat doch nur Nachteile davon." Die Fragen lauten aber: Womit erzielt das Kind einen größeren Erfolg? Worauf kommt es dem Kind zutiefst an?

Alfred Adler gibt an einer Stelle seiner Bücher folgende Antwort: „Das faule Kind besitzt gewisse Vorteile. Viele Kinder machen sich eine faule Haltung zu eigen, um auf diese Weise ihre Situation zu erleichtern. Die Familie sagt im allgemeinen: ‚Was könnte es tun, wenn es nicht faul wäre?' Die Kinder geben sich mit dieser Erkenntnis zufrieden, dass sie alles erreichen könnten, wenn sie nicht so faul wären. Dies ist Balsam für das Kind, das zu wenig Selbstvertrauen hat. Es ist eine Stütze, die zum Erfolg führt, und das nicht nur bei Kindern, sondern genauso bei Erwachsenen. Wenn solche Kinder etwas tun, gewinnt ihre kleine Tat in ihren Augen besondere Bedeutung. Faule Kinder sind wie Seiltänzer, die mit einem Netz arbeiten; wenn sie fallen, fallen sie weich. Es ist weniger schmerzlich, wenn einem gesagt wird, dass man zu faul ist, als wenn einem angedeutet wird, dass man unfähig ist. Kurz gesagt, Faulheit dient als Schild, um den mangelnden Glauben des Kindes an sich selbst zu verbergen und um es davon abzuhalten, Versuche zu unternehmen, mit den Problemen, mit denen es konfrontiert wird, fertig zu werden."[6]

> **Das Kind benutzt die Faulheit, um sich Vorteile zu verschaffen.**
>
> **Faulheit dient als Schild, um den mangelnden Glauben des Kindes an sich selbst zu verbergen und um es davon abzuhalten, Versuche zu unternehmen, mit den Problemen, mit denen es konfrontiert wird, fertig zu werden.**

3 Faulheit und Intelligenz

Intelligenz ist im heutigen Sprachgebrauch ein geläufiger Begriff. Er beinhaltet Einsicht, Verstand, Denkbegabung, das Vermögen, logisch zu denken. Die Intelligenz hat einen Leistungs-, einen Verhaltens- und einen Erkenntnisaspekt. Sie ermöglicht die Anpassung an neue Situationen.

Aber die wissenschaftlichen Auffassungen gehen weit auseinander. Langjährige Forschungsarbeiten zu Fragen der Struktur, der Messung und Entwicklung haben keinen einheitlichen Standpunkt zutage gefördert. Es gibt weder die Definition, noch das

> Die Intelligenz hat einen Leistungs-, einen Verhaltens- und einen Erkenntnisaspekt.

Verhalten, wodurch Intelligenz fassbar gemacht werden kann. Einige Thesen:

These 1: Intelligenz ist eine komplexe Fähigkeit
Sie setzt sich aus verschiedenen Teilkomponenten zusammen. Über die Anzahl der Faktoren und deren Gewichtung gehen die Meinungen auseinander.

These 2: Der Intelligenzquotient entspricht dem Durchschnitt einer Altersgruppe
In der Praxis ist es üblich, den Intelligenzquotienten (IQ) nach dem Intelligenzdurchschnitt einer Altersgruppe zu messen. Die Zahl 100 bedeutet die Norm. Kinder, die mit ihrer Intelligenz dem Durchschnitt etwas voraus sind, haben einen IQ über 100, Kinder mit Entwicklungsrückstand einen IQ unter 100. Etwa 95 % der Bevölkerung haben einen IQ von 85-130. Extrem nied-

rige und hohe Leistungen sind vergleichsweise selten. Jeweils 2 % der Bevölkerung haben einen IQ unter 75 oder einen sehr hohen IQ über 130.

These 3: Der Intelligenztest berücksichtigt verschiedene Leistungsbereiche

Geprüft wird das Gedächtnis, die Denkfähigkeit, die Raumvorstellung, die Rechenfertigkeit, Begriffsbildung, Sprachflüssigkeit und anderes mehr. Die Bewertung der Leistung erfolgt durch Punkte, die für richtige Antworten gegeben werden. Die Gesamtsumme der erzielten Punkte (Rohwerte) stellt den Ausgangspunkt für die Entwicklung des IQ dar.

These 4: Der Nutzen von Intelligenztests kann nicht eindeutig beantwortet werden

Tests können eine Schullaufbahnberatung ermöglichen. Allerdings gibt der Test selten das gesamte Leistungsniveau eines Kindes wieder.

These 5: Der Intelligenzwert der frühen Kindheit lässt keine Vorhersage für später zu

Erst vom sechsten Lebensjahr an findet man eine relativ gleichbleibende Übereinstimmung zwischen den gemessenen Werten der jeweiligen Person. Faktoren wie Gesundheit, emotionale Stabilität, Scheidung und Trennung der Eltern beeinflussen die intellektuelle Leistung gewaltig.

These 6: Längsschnittuntersuchungen sollen die Intelligenzentwicklung erfassen

Viele Forscher glauben, dass bis zum Alter von vier Jahren sich bereits 50 % der Intelligenz entwickelt hat. Ein weiterer Zuwachs um 30 % sollen die Kinder bis zum 8. Lebensjahr erfahren. Andere Untersuchungen stellen diese globalen Feststellungen in Frage.

These 7: Der IQ läßt sich durch Förderung beeinflussen.
Vor allem die Förderung im frühen Kindesalter beeinflusst nachweislich die Intelligenzverbesserung. Durch einschneidende Veränderungen sofort nach der Geburt lässt sich der IQ eines Kindes um 8 bis 12 Punkte steigern. „Das haben Untersuchungen mit Frühgeborenen und solchen Kindern ergeben, deren Mütter arm sind und selbst einen niedrigen IQ besitzen ... Zu dieser Frühförderung gehören: Das Ermutigen der kindlichen Entdeckerfreude, das Vermitteln einfacher Fähigkeiten, Lob und ein sprachlich reiches Umfeld."[7]

These 8: Der Durchschnitts-IQ ist in zahlreichen Ländern angestiegen
„Der IQ wächst von Generation zu Generation. Sind wir schlauer als unsere Eltern? Und sind unsere Kinder intelligenter als wir? ... So nahm der IQ in Schweden und Dänemark pro Generation oder 30 Jahren um 10 Punkte zu, und in Israel und Belgien sogar um 20 Punkte. ... Die Wissenschaftler sind sich einig, dass die Zunahme des IQ nicht auf genetischen Veränderungen beruhen kann."[8]

These 9: Intelligenz ist ein Wert des Menschen
Zur Charakterisierung des Menschen werden verschiedene alltagssprachliche Begriffe verwendet. Intelligenz ist ein Merkmal. Es gibt aber viele andere. Zum Beispiel: Ehrlichkeit, Anständigkeit, Egoismus, Treue. Wie denken wir über folgendes Zusammenspiel: Intelligent, aber unehrlich; intelligent, aber unanständig; intelligent, aber egoistisch; intelligent, aber untreu?

These 10: Intelligente Kinder werden durch Lernbehinderung und Hyperaktivität gebremst
Der amerikanische Forscher und Psychologe Ulric Neisser beschreibt diesen Zusammenhang so: „Eine weitere dieser ‚unanständigen' Antworten besteht in der Annahme, Kinder, die nicht gut lernen oder aufsässig in der Schule sind, seien selbst schuld.

Von einem Kind werden heute in der Schule vor allem zwei Dinge erwartet: Es soll den vorgeschriebenen Stoff lernen, und es soll sich anständig verhalten. Was für ein seltsamer Zufall, dass wir in den vergangenen Jahren auch gleich zwei neue Kinderkrankheiten entdeckt haben: Die eine, die Lernbehinderung, hält sie vom Lernen ab, die andere, die Hyperaktivität, verhindert, dass sie sich in unserem Sinne ‚benehmen'."[9]

These 11: Die zentrale Fähigkeit „Intelligenz" ist problematisch. Jeder Mensch hat spezifische Fähigkeiten in bestimmten Bereichen

Jeder Mensch hat bestimmte Talente und Begabungen. Allerdings auf speziellen Gebieten. Wer gut Klavier spielen kann, hat meist ein gutes Gedächtnis für Melodien. Auch hier sind Begabungen verknüpft. Ich hatte vor Jahren einen Analphabeten in der Beratung, der sich vier- und fünfstellige Zahlen in beliebiger Menge innerhalb kürzester Zeit merken konnte.

These 12: Was ist von Intelligenz-Tests zu halten?

„Ein niedriger IQ ist kein Indikator für geringe geistige Leistung … Umgekehrt ist ein hoher IQ kein Garant für geistige Potenz. Die Korrelation zwischen IQ und Schulnoten ist nur mittelmäßig und der Zusammenhang zwischen IQ und Erfolg im Studium oder Beruf noch geringer. Für Vorhersagen über Karriereaussichten einer Person ist die Kenntnis des IQ daher fast wertlos."[10]

Auf der anderen Seite: Wer eine Schule besucht, muss den Anforderungen der Schule gerecht werden, will er das Klassenziel erreichen. Die meisten Tests spiegeln die Erwartungen der Schule und der Gesellschaft wider. Diese Leistungsanforderungen können daher annähernd getestet werden.

Auch das andere gilt: Intelligenz ist eine Fiktion. Intelligenz hat damit zu tun, was das Aufwachsen in einer Kultur aus einem Menschen gemacht hat.

Die Vielfalt der menschlichen Kulturfähigkeit, seine Einmaligkeit und seine Originalität werden nicht eingefangen. Der lebendige Gott hat Originale geschaffen und keine Abziehbilder. Diese Originalität bleibt ein Wunder und ist mit den heutigen Intelligenztests nicht auszuloten.

Ihr Kind braucht Erfolgsintelligenz

Einer der führenden Intelligenzforscher Amerikas ist Professor für Psychologie und Erziehungswissenschaften. Sein Name ist Robert J. Sternberg. Er hat einen neuen Begriff geschaffen, nämlich „Erfolgsintelligenz". Er geht davon aus, dass Wissen, Bildung, Kreativität und die viel beschworene „emotionale Intelligenz" nicht das Gelbe vom Ei sind. Sternberg hat herausgefunden, dass diese Fähigkeiten nur wirksam werden,

... wenn der Schüler sie im richtigen Augenblick erfolgsorientiert einzusetzen versteht,

... wenn der Schüler nicht nur theoretisch und analytisch etwas erklären kann, aber in der praktischen Anwendung versagt,

... wenn der Schüler in der Lage ist, hilfreiche Lösungen zu praktizieren.

Es ist ohne weiteres einleuchtend, dass die Lern- und Leistungsfähigkeit eines Menschen von praktischer Umsetzung abhängt. Die Schulen vernachlässigen im allgemeinen die kreative und praktische Intelligenz. Viele von uns können das bestätigen. Es gibt in der Tat ausgesprochen intelligente Kinder, die problemlos ihr Abitur machen, theoretisch den Stoff im Griff haben und in der Praxis des Lebens völlig versagen. Sie sind nicht in der Lage, das gesammelte und theoretisch verarbeitete Wissen ins Leben zu integrieren. Sternberg hat eine skurrile Geschichte erfunden, die im nächsten Abschnitt beschrieben wird. Sie zeigt die Überlegenheit des Praktikers, des Pragmatikers, der in kritischen Augenblicken erfolgreich seine Chancen nutzt. Ein erfolgreicher Schüler sollte drei Bereiche seiner Fähigkeiten kennen und fördern:

- ❑ Die *analytische* Intelligenz,
- ❑ die *kreative* Intelligenz,
- ❑ die *praktische* Intelligenz.

Wenn Eltern und Erzieher dieses Intelligenz-Dreieck im Auge behalten, bejahen und unterstützen, kann der Schüler im richtigen Augenblick auf alle drei Fähigkeiten zurückgreifen und zu befriedigenden Lösungen kommen. Diese Menschen sind in der Lage,

Das Intelligenz-Dreieck:
Die analytische Intelligenz,
die kreative Intelligenz,
die praktische Intelligenz.

... ihre Fähigkeiten optimal zu nutzen,

... ihre Schwächen zu kompensieren

... und aus ihren Begabungen das Beste zu machen.

Robert J. Sternberg nennt eine Reihe Merkmale, die Erfolgsintelligenz verkörpern: [11]

Merkmal 1: Menschen mit Erfolgsintelligenz motivieren sich selbst

Ohne Motivation sind Begabungen wertlos.

Ohne Motivation ist die Intelligenz arbeitslos.

Ohne Motivation ist erfolgreiches Lernen aussichtslos.

Auf zwei Wegen können Menschen motiviert werden. Durch Anerkennung und Bestätigung von *außen* und durch Motivation, die aus dem *Innern* kommt. Der Mensch freut sich über seine geleistete Arbeit, er erlebt Befriedigung durch Aktivitäten, die ihn selbst anreizen.

Zweifellos ist die innere Motivation effizienter, weil sie auf andere, die loben, honorieren und bestätigen, verzichten können. Kinder, die durch Aufkleber, Sternchen, Prämien und Belohnungen bei der Stange gehalten werden müssen, verlieren schnell ihre Motivation, wenn die Belohnungen ausbleiben.

Besonders kreative Intelligenz ist in erster Linie abhängig von innerer Motivation. Viele Eltern machen den Fehler, dass sie Noten und Leistungen der Kinder zu hoch honorieren und gleichzeitig mit den Belohnungen Druck ausüben. Kinder spüren

> Auf zwei Wegen können Menschen motiviert werden. Durch Anerkennung und Bestätigung von außen und durch Motivation, die aus dem Innern kommt.

die Absicht und sind verschnupft. Überredete, stark belohnte und gezwungene Kinder verlieren Interesse an der Arbeit und den Zielen, die sie sich selbst gesteckt haben. Die Ziele sind den Kindern eingeredet worden. Das Engagement fehlt, diese übergestülpten Ziele zu realisieren.

Merkmal 2: Menschen mit Erfolgsintelligenz wissen, wann sie durchhalten müssen

Durchhaltevermögen ist eine notwendige Voraussetzung für Erfolgsintelligenz. Was hilft eine theoretische Intelligenz, wenn der Schüler leicht das Handtuch wirft, wenn er bei kleinsten Schwierigkeiten die Lust verliert? Erfolg benötigt Ausdauer. Der Schüler muss mit Enttäuschungen fertig werden und mit Lösungsvorschlägen, die sich als unpraktisch erweisen.

Von mir selbst kann ich sagen, dass ich mein zweites Buch an zehn Verlage geschickt habe, um es auf den Markt zu bringen. Einige schrieben höflich, andere Verlage nichtssagend und desinteressiert ab. Schließlich war ein kleiner und unbekannter Verlag bereit, das Manuskript zu drucken. Auf einmal wurde es bekannt und erlebte sieben Auflagen in verschiedenen Verlagen. Wäre mir damals der Mut abhanden gekommen und hätte ich kapituliert, hätte ich unter Umständen meine gesamte Schriftstellerei an den Nagel gehängt. Die Ausdauer hat sich bezahlt gemacht. Die innere Motivation hat meinen Elan und meine Schreibleidenschaft immer wieder neu entfacht.

Selbstverständlich gibt es auch das andere Extrem. Menschen halten „stur" an einem Problem fest, das sie mit Penetranz und Verbohrtheit angehen, obschon die Erfolgsaussichten gleich Null sind. Auch hier zeigt sich die praktische Intelligenz, Ausdauer und Geduld realisieren zu können, ohne verbohrt an einem erfolglosen Projekt festzuhalten.

Merkmal 3: Menschen mit Erfolgsintelligenz wissen das Beste aus ihren Fähigkeiten zu machen

Sie lernen nicht planlos vor sich hin und setzen ihre Fähigkeiten aufs Spiel. Die Kunst besteht darin, Fähigkeiten richtig einzuschätzen und sie zielstrebig für die Zukunft auszubauen. Wer schulisch begabt ist und ein gutes Abitur machen kann, muss nicht unbedingt Medizin studieren, nur weil der Mediziner allgemein eine hohe Anerkennung genießt. Eine solche Einstellung ist vom Ansatz her falsch. Denn hier steht nicht die innere Motivation für einen bestimmten Beruf im Vordergrund, sondern die Image-Frage, die aber mit Können und Interesse für eine Sache nichts zu tun hat.

Menschen, die hier falsch gewählt haben, wechseln im Leben häufig ihren Beruf. Sie sind unzufrieden, fühlen sich falsch plaziert, blockieren ihre Kreativität und behindern ihre Erfolgsaussichten.

Merkmal 4: Menschen mit Erfolgsintelligenz setzen Gedanken in Taten um

Viele Kinder, Schüler und Erwachsene haben glänzende Gedanken, aber sie sind nicht in der Lage, die Gedanken in praktische Lösungen umzusetzen. Sie spielen mit dem Thema, kommen aber nicht zum Handeln.

Wir alle kennen die großsprecherischen Menschen, die politisch alle Probleme lösen, wenn man sie nur ließe. Weder in der Ortsgemeinde noch in politischen Gremien sind sie zu Hause. Haben sie Angst, dass ihre Lösungsvorschläge hinterfragt werden? Wollen sie sich nicht blamieren? Wollen sie die handfeste Arbeit vermeiden?

Kinder, Schüler und spätere Erwachsene mit Erfolgsintelligenz haben gute Ideen und brennen darauf, sie in die Tat umzusetzen. Ein hoher Intelligenzquotient ist keine Garantie, geniale Ideen in handfeste Ergebnisse umzumünzen. Es kann auch sein, dass Menschen mit wundervollen Ideen und Gedanken, wenn sie Befürchtertypen sind, so viel Gegenargumente, Gegenbeweise, Klippen und Schwierigkeiten gedanklich mitfabrizieren, dass die praktische Umsetzung für diese Leute unmöglich wird.

Merkmal 5: Menschen mit Erfolgsintelligenz sind ergebnisorientiert

Sie schauen auf das Resultat. Sie lernen nicht ins Blaue hinein.

Ich habe eine sehr intelligente Frau in der Beratung. Sie ist fast 50 Jahre alt und hat bis jetzt studiert und beherrscht einige Fachgebiete. Deutlich hörbar beklagt sie sich über alle Menschen, die mit „wenig Bildung und Ausbildung" Posten bekleiden, die sie für unangemessen hält. Immer stünde sie wie die „kleine Dumme" dar, die zwar vollgepackt mit Fachwissen sei, aber andere nähmen die Führungsaufgaben wahr. Auf die Frage, wie sie sich selbst versteht, antwortete sie: „Ich bin ein Sammlertyp. Wie will ich mitreden können, wenn meine Beiträge ohne Hand und Fuß sind." Was tut sie? Sie sammelt ein Leben lang und häuft und stapelt Fachwissen auf. Innerlich ist sie beglückt, wenn sie wieder ein Päckchen Fachwissen im Kopf verstaut hat. Wo liegt ihr Fehler?

❏ Sie ist nicht *ergebnisorientiert;*
❏ sie *sammelt* und setzt es nicht um;
❏ sie *kritisiert* und verliert das Handeln aus dem Auge;
❏ sie kann *mitreden*, aber keine praktische Verantwortung übernehmen.

Merkmal 6: Menschen mit Erfolgsintelligenz haben keine Angst vor Fehlern

Fehler machen gehört zum Menschsein. Wer fehlerlos sein will, muss diese Erde verlassen, oder er ist zur Bewegungslosigkeit verdammt. Kinder, Schüler und angehende Erwachsene packen

Probleme an und machen ihre Erfahrungen. Erfahrungen muss man *machen*. Wer keine Erfahrungen machen will, lebt ohne Erfahrungen. Er theoretisiert und geht der Praxis aus dem Weg.

Menschen mit Erfolgsintelligenz haben keine Angst vor Fehlschlägen. Ein Fehlschlag ist keine Katastrophe, sondern eine Herausforderung, beim nächsten Mal erfahrener zu sein. Wer sich entmutigen läßt und seinen Zweifeln und Vorbehalten mehr glaubt als seinen Fähigkeiten, wird den Fehlschlag zur Katastrophe aufbauschen. Er wird kein Risiko ein zweites Mal eingehen.

> **Menschen mit Erfolgsintelligenz haben keine Angst vor Fehlschlägen. Ein Fehlschlag ist keine Katastrophe, sondern eine Herausforderung!**

Menschen, die eine gehörige Portion Versagensangst im Leben getankt haben, werden eher zum Rückzug blasen. Vielleicht haben auch Eltern und Großeltern Pate gestanden, haben prophetisch befürchtet: „Das schaffst du bestimmt nicht!" Und das Kind hat sich diese Weisheit der Älteren einverleibt. Es bleibt vielleicht ein Leben lang *über*-vorsichtig, *über*-gewissenhaft und *über*-ängstlich. Es kommt zu nichts, weil irgend etwas, irgendwie und irgendwann schiefgehen kann.

In der Bibel steht die Geschichte von Abraham. Von ihm, dem Vater des Glaubens, reden wir noch heute, weil er seinem Herrn vertraute, weil er *ging*. Er zerbrach sich nicht den Kopf darüber, ob der Herr wirklich zu ihm geredet, ob ihn nicht seine innere Stimme genarrt hatte. Abraham ging und hatte keine Angst vor Fehlschlägen. Abraham ging und zergrübelte nicht Gottes Plan. Er verließ sich blindlings auf seinen Herrn.

Merkmal 7: Menschen mit Erfolgsintelligenz haben Vertrauen und glauben an ihre Fähigkeiten

Vertrauen und Selbstvertrauen sind unentbehrliche Eigenschaften in der Alltagsbewältigung. Kinder, die Vertrauen getankt haben, sind lebenstüchtiger als Kinder, denen diese Grundlage fehlt.

- ❑ Vertrauen, das Leben zu meistern,
- ❑ Vertrauen zu Eltern und Erziehern,
- ❑ Vertrauen in die eigenen Fähigkeiten,

ist wichtiger als ein hoher Intelligenzquotient. Kinder mit Vertrauen sind stark, packen Aufgaben an und finden Lösungen. Wer an sein Kind glaubt, ermutigt es. Ein Mensch ohne Vertrauen ist wie ein entwurzelter Baum. Dem „Baum" fehlt die Grundlage, ihm fehlt der Nährboden. Ihm fehlt die Verwurzelung. So wie der Mensch ohne Sauerstoff nicht leben kann, so ist auch ein Leben ohne Vertrauen ein verkümmertes Leben.

> Kinder, die Vertrauen getankt haben, sind lebenstüchtiger als Kinder, denen diese Grundlage fehlt.
> Wer an sein Kind glaubt, ermutigt es!

Der Arzt und Psychosomatiker Horst Eberhard Richter kennzeichnet den Misstrauischen richtig: „Der sensitiv Misstrauische sucht immerfort potentielle Verfolger, um seine unbewusst fundierte misstrauische Abwehrhaltung zu stabilisieren."[12]

Haben Kinder von klein auf dieses Vertrauen trainiert, ist es ihnen leichter möglich, im rückhaltlosen Vertrauen das Leben erfolgreich zu meistern. Misstrauen dagegen ist ein Feind der Erfolgsintelligenz. Der Misstrauische zweifelt und produziert Befürchtungen. Er blockiert den Erfolg.

Der Grizzly – ein Beispiel für Erfolgsintelligenz

Der schon zitierte Intelligenzforscher Sternberg erzählt ein böses Beispiel über Erfolgsintelligenz. Umwerfend frech schildert er eine Szene, die zum Nachdenken anregen soll.

„Zwei Jungen gehen im Wald spazieren. Sie sind sehr unterschiedlich. Die Lehrer des ersten Jungen halten ihn für gescheit, seine Eltern halten ihn für gescheit, also hält er sich auch für gescheit. Er hat gute Zensuren, Zeugnisse und Empfehlungsschreiben, die ihm den Weg durch die Bildungseinrichtungen ebnen werden. Der zweite Junge wird nicht von vielen für intelligent gehalten. Weder seine Noten noch seine Zeugnisse sind bemerkenswert. Im besten Fall würde man ihm eine bestimmte Schlauheit oder gesunden Menschenverstand zubilligen. Die beiden schlendern durch den Wald, als sie plötzlich einem Problem begegnen, und zwar in Form eines riesigen Grizzlybären, der direkt zum Angriff übergeht.

Der erste Junge rechnet aus, dass der Grizzly sie in 17,3 Sekunden eingeholt haben wird. Er gerät in Panik. Er wirft einen verzweifelten Blick auf seinen Begleiter, der sich in aller Ruhe seiner Wanderschuhe entledigt und seine Joggingschuhe anzieht.

> **Der Schlaue meistert das Leben, der Intelligente bleibt auf der Strecke.**

Sagt der erste Junge zum zweiten: ‚Bist du wahnsinnig? Wir können unmöglich schneller laufen als der Grizzly.' Der Junge antwortet: ‚Ganz richtig. Aber ich muss ja nur schneller laufen als du!'" [13]

Schwarzer Humor. Eine böse Story. Aber sie schildert die Erfolgsintelligenz des zweiten Jungen. Der erste Junge ist ein guter Analytiker, nur lebensuntüchtig. Der erste wird angefallen, der zweite kann dann sicher entkommen. Der Schlaue meistert das Leben, der Intelligente bleibt auf der Strecke.

Faulheit – die private Intelligenz

Viele Eltern sind verzweifelt, weil ihr Kind einen anderen Weg einschlägt, als sie sich vorgestellt haben. Das Kind stellt sich außerhalb der Gemeinschaft. Das Kind steuert einen Gegenkurs. Es verfolgt andere Absichten und Ziele als die Eltern, als die Familie, als die Schule, als die Gesellschaft. Die Eltern schütteln den Kopf:

„Das ist doch sinnlos, was der Junge tut", sagt der Vater. „Dem Kind ist der gesunde Menschenverstand abhanden gekommen", sagt die Mutter. „Wir verstehen das Kind nicht mehr, es handelt völlig unsinnig und unvernünftig", entsetzen sich beide.

Stimmt das?

Die Eltern haben recht, und zwar im Sinne des Common sense, des gesunden Menschenverstandes. Sie ziehen Schlussfolgerungen, wie sie der Durchschnitt der Menschen ziehen würde. Ihre Logik urteilt im Sinne der Logik vieler Menschen. Sie halten das unsinnige Verhalten ihrer Kinder für gemeinschaftsfeindlich, für destruktiv, für dumm.

Die Psycho-Logik des Kindes

Die Eltern haben die Logik auf ihrer Seite, haben aber die Psycho-Logik des Kindes nicht bedacht. Sie machen einen Fehler: Sie unterschätzen die *private Intelligenz*, die private Weltanschauung des Kindes. Jeder Mensch läßt in seinem Verhalten eine Zielstrebigkeit und eine Zweckbestimmtheit erkennen.

> Jeder Mensch läßt in seinem Verhalten eine Zielstrebigkeit und eine Zweckbestimmtheit erkennen.

Er akzeptiert alle Eindrücke, alle Erlebnisse, alles Gehörte und Gelesene, alles Gesehene und Ertastete nur dann, wenn es in sein Konzept passt. Die *bunte Brille* der persönlichen Wahrnehmung besteht darin, die Welt im Sinne der privaten Intelligenz umzudeuten. Kein Mensch kann die Welt völlig objektiv anschauen. Jeder wird sie durch seine Brille betrachten.

❏ Der *Optimist* sieht die Welt in leuchtenden Farben, schreckt vor keiner Strapaze zurück und läßt sich durch keine Niederlage erdrücken.

❏ Der *Pessimist* ist der notorische Schwarzseher, er weiß, dass er die Arbeit daneben schreiben wird, dass er nicht versetzt, nicht verstanden, nicht geliebt, nicht gewinnen und kein schönes Wetter haben wird.

❏ Der *Faule* kann wiederum viele Ziele verfolgen, die den Eltern, der Schule und der Gesellschaft zuwiderlaufen. Darum kann ihm seine private Intelligenz sagen:

- Ich will auf der unnützen Seite des Lebens stehen, die nützliche ist mir viel zu anstrengend.
- Ich lasse das Arbeiten sein, dann werde ich auch in Ruhe gelassen.
- Der Vater tyrannisiert mich. Er fällt mir mit seinem Ehrgeiz auf die Nerven. Die ganze Schule hängt mir zum Hals heraus.
- Meine Eltern wollen mich zwingen. Ihr Prestige hängt von meinen Leistungen ab. Die werden sich wundern!
- Wenn ich mir die Eltern anschaue, sie haben zweifelsohne Beachtliches geleistet, und was haben sie davon? Nur Arbeit, keine Freizeit, nur Ärger und Krankheiten.

Alle Aussagen des Faulen sind irrtümliche Deutungen. Das Kind legt sich Gründe und Argumente zurecht. Es ist von seiner Logik überzeugt.

Die irrtümlichen Ziele des Kindes
Wie ein Kind sich verhält, hängt weitgehend
- von seinen eigenen Vorstellungen ab,
- von seiner Selbstbewertung,
- von seiner Einschätzung des anderen,
- von seinen Methoden, mit denen es sich einen Platz in der Welt erobern will,
- und von seinem Vertrauen in seine Fähigkeiten bzw. von Mutlosigkeit.

Alfred Adler hat diese *private Weltanschauung* des Neurotikers so umschrieben:

„Der Neurotiker hat sich aber völlig andere Aufgaben gesetzt. Und solange wir etwa vorgehen wie andere Pathologen, werden wir nie verstehen können, warum ein Junge z. B. faul ist, obwohl er dabei nur Unangenehmes erfährt. Erst wenn wir uns fragen: Ist nicht vielleicht seine Absicht eine ganz andere, und handelt er nicht vielleicht im Sinne dieser Endabsicht richtig, dann erst werden wir feststellen, dass an den Erscheinungen, die wir sehen, eigentlich alles richtig ist, nur hat dieser Mensch einen anderen Lebensstil als die Normalen."[14]

Der Faulenzer weiß, was das Leben von ihm verlangt! Aber sein Benehmen, sein Handeln erfolgen, unbekümmert um dieses Wissen, nach einem anderen System. Wir haben also zwei Bezugssysteme vor uns. Das eine ist das normale, das gesellschaftlich durchschnittliche, das alle Logik und den gesunden Menschenverstand umschließt, das andere ist das private Bezugssystem. Kein Mensch ist davon frei. Wollen wir dem Kind helfen, müssen wir die Antwort auf die Fragen finden:

> **Der Faulenzer weiß, was das Leben von ihm verlangt! Aber sein Benehmen, sein Handeln erfolgen, unbekümmert um dieses Wissen, nach einem anderen System.**

❑ Wozu schlägt das Kind die falsche Richtung ein?

❑ Was veranlasst das Kind, einen Gegenkurs zu steuern?

❑ Was will es beispielsweise mit Konzentrationsmangel, mit Träumereien, mit Unaufmerksamkeit und Langsamkeit erreichen?

❑ Kann es sein, dass die Eltern durch Überforderung, Ehrgeiz, Zwang, Ungeduld, Nervosität und anderes mehr das Kind zum Widerstand provozieren?

❑ Kann es sein, dass die Eltern durch Pessimismus, Kritiksucht und Nörgeleien das Kind in seiner Haltung bestärken?

Schulschwierigkeiten und Lernstörungen

Schulschwierigkeiten treten überwiegend bei Kindern auf, die bereits vor der Einschulung offensichtliche psychische Störungen aufweisen. In der Schule zeigen sie sich in der Regel verstärkt. In der Schule muss das Kind eine Reihe Leistungen vollbringen, die in Familie und Kindergarten nicht unbedingt erforderlich waren.

1. Das Kind muss still sitzen
Ist das Kind motorisch unruhig, wird seine Aufmerksamkeit eingeschränkt. Die Spannungen zu Mitschülern und Lehrern erhöhen sich. Zwangsläufig wird die Lernbereitschaft vermindert.

2. Das Kind muss sich anpassen
Um den Unterricht durchführen zu können, müssen Kinder still sitzen, aufpassen und sich auf den Lehrer einstellen. Die Großgruppe läßt Sonderaktionen einzelner Kinder nicht zu. Lerngestörte Kinder versagen bei dieser Forderung.

3. Kinder leben soziale Kontakte
Zum Unterricht gehört ein erträgliches Miteinander. Kinder müssen in der Klasse und in den Pausen eine gute Beziehungsfähigkeit entwickeln. Kinder mit Lernstörungen geraten schnell in eine Außenseiterposition.

4. Kinder müssen sich konzentrieren können
Konzentrationsfähigkeit, Ausdauer und ein Stück Ausgeglichenheit sind Voraussetzungen für einen optimalen Unterricht. Kinder mit Lernstörungen sind genau dazu nicht in der Lage.

Mangelnde Konzentration und Unruhe machen ihnen und den Beteiligten Schwierigkeiten.

5. Kinder brauchen Motivation

Sie benötigen eine positive Einstellung zum Lernen. Sie müssen willig, lernbereit, aufmerksam und aufnahmebereit sein. Lernstörungen demotivieren und fördern das Desinteresse des Kindes.

Früher und vielfach heute noch werden Kinder mit Schulschwierigkeiten und Lernstörungen als faul, unerzogen, frech und gleichgültig eingestuft. Heute weiß man, dass hirnorganische Faktoren, die früher nicht erkannt wurden, ein zunehmendes Interesse finden. Dementsprechend zahlreich sind heute die Behandlungsverfahren. Psychotherapeutische, heilpädagogische und psychopharmakologische Interventionen werden praktiziert.

Was beinhalten Lernstörungen?

Sie sind ein vielgestaltiges und von den Erscheinungsformen wie von den Entstehungsweisen her sehr unterschiedliches Symptom.

Lernstörungen werden am ehesten sichtbar, wo Lernpläne zu erfüllen sind. Das ist in der Schule. Allerdings findet Lernen nicht nur in der Schule statt, sondern in der Gruppe, auf der Straße, in der Familie. Lernen hängt mit Lernen*können*, also mit Begabung und Lernbereitschaft, also mit Motivation zusammen.

Man spricht heute von Lern*störungen* und von Lern*schwächen*. Auch wird der Ausdruck Leistungsstörung verwandt. Störungen werden allgemein als reaktiv-psychogen beurteilt, Schwächen mit einer genetischen oder sekundär-organischen Bedingtheit verknüpft.

Andere Fachleute sprechen gern von Lern- und Leistungs-*schwäche*, um deutlich zu machen, dass es sich um eine vorübergehende Schwäche handelt, die kein endgültiges Defizit anzeigt. Im Sprachgebrauch der Kinder- und Jugendpsychiatrie nennt man diese Symptome *Teilleistungsschwächen bzw. Teilleistungsstörungen.* Lern- und Leistungsstörungen sind häufig. Sie schwanken zwischen 10 % und 16 % bei schulpflichtigen Kindern.

Was zählt zu den Lernschwächen? Was zählt zu den Teilleistungsschwächen? Die Symptome bezeichnen ein Defizit in einzelnen Lern- und Leistungsbereichen, die während des Entwicklungsalters auftreten. Es handelt sich also um *Entwicklungsrückstände.* Die Einteilung unterscheidet:

❏ Umschriebene Lese- und Rechtschreibschwächen;
❏ umschriebene Rechenschwächen;
❏ andere umschriebene Lernschwächen;
❏ umschriebene Rückstände in der Sprech- und Sprachentwicklung;
❏ umschriebene Rückstände in der motorischen Entwicklung;
❏ multiple Entwicklungsrückstände.

Zuerst ist von der Lese- und Rechtschreibschwäche die Rede. Wir sprechen von Legasthenien. Unter dem Symptom leiden etwa 3 % aller Kinder in der 2. bis 4. Jahrgangsstufe. Drei weitere Prozent haben allgemeine Schwierigkeiten beim Erlernen des Lesens und Schreibens. Die Belastungsfaktoren sind unterschiedlich. Dazu gehören frühkindlich-hirntraumatische und andere entwicklungshemmende Einflüsse.

Bei der umschriebenen Rechenschwäche handelt es sich um eine erhebliche Beeinträchtigung in der Entwicklung der Rechenfähigkeit trotz vorhandener Voraussetzungen für das Erlernen des Rechnens.

Ein großes Problem bei Kindern mit Lernstörungen ist, dass die Auffälligkeit häufig mit weiteren Schwierigkeiten verknüpft ist. Die Kinder zeigen darüber hinaus Störungen psychosomatischer Art, leiden an emotionalen und sozialen Folgeerscheinungen. Auch die Kombination von Störungen in der Sprachentwicklung mit Behinderungen auf der motorischen Ebene machen den Kindern zu schaffen.

Insgesamt: Nicht alle Lernstörungen und Leistungsschwächen können in diesem Buch ausführlich behandelt werden. Arbeitsstörungen, die wir mit Faulheit umschreiben, können mit den genannten Lernstörungen in Verbindung stehen. In der Regel ist Faulheit ein Symptom, das andere Ursachen und Motive beinhaltet, die ausführlich zur Sprache kommen sollen.

Minimale cerebrale Dysfunktion (MCD)

❑ Wichtig: MCD-Kinder sind nicht psychisch krank.
MCD-Kinder sind nicht geistig behindert.
MCD-Kinder dürfen auch nicht wie Behinderte behandelt werden.
MCD-Kinder benötigen gleich viel Kritik, Aufmerksamkeit und Lob.
❑ Eltern, die Verdacht auf MCD haben, wenden sich an den schulpsychologischen Dienst oder an eine neurologische Abteilung einer Kinderklinik.
❑ Erhärtet sich der Verdacht, ist es für Eltern ratsam, sich einer MCD-Selbsthilfegruppe anzuschließen.

Ursachen der MCD
❑ Schädigungen des Gehirns vor, während und nach der Geburt;
❑ Schädigungen entstehen durch Sauerstoffmangel oder Schädelverletzungen.

Diagnose der MCD
❑ Erhebung der Vorgeschichte, genaue Befragung der Mutter,
❑ Beobachtung der Symptome,

- Tests und Erstellung des EEG,
- Psychologen in Verbindung mit Neurologen und Kinderärzten erstellen die Diagnose,
- Eltern und Erziehern ist die Diagnose allein nicht möglich.

Symptome der MCD

- Das Kind macht unsichere und ungeschickte Bewegungen, die Feinmotorik ist häufig gestört,
- das Kind erlebt einen überstarken Bewegungsdrang,
- das Kind erfährt Konzentrationsstörungen,
- das Kind kann Sprachstörungen erleben,
- das Kind kann Wahrnehmungsstörungen verraten,
- das Kind erlebt eine große Impulsivität.

Diese Symptome können zu Lernstörungen werden und beeinträchtigen häufig die sozialen Beziehungen.

Lernstörung und Blutdruckabsenkung

Viele Eltern und Lehrer haben beobachtet, dass Kinder mit Lernstörungen in Lern- und Leistungssituationen nervös sind. Unruhe macht sich breit.

Ein Diktat ist etliche Male geübt worden, und am nächsten Tag macht das Kind bei der Klassenarbeit viele Flüchtigkeitsfehler, die auf Erregung zurückgeführt werden. Zwei Psychologen machen allerdings auf eine Beobachtung aufmerksam, die es nachzuprüfen gilt. Sie schreiben:

„Doch wird bei diesen Kindern das Nachlassen der Lern- und Leistungsfähigkeit in der Schule und während der Hausarbeiten nicht durch Nervosität im üblichen Sinn ausgelöst. Üblicherweise stellt man sich unter Nervosität vor, dass die innere Erregung hoch ist. In einem solchen Zustand werden die Bewegungen unkontrolliert und fahrig, die Muskeln verspannen sich, das Herz schlägt schneller, und der Blutdruck steigt. Die Mehrheit der Kinder mit Lernstörungen zeichnet sich durch das

Gegenteil von Nervosität aus. Vor allem in Problemfächern sinkt ihre Erregung. Sie schalten ab, werden müde, und ihr Blutdruck sinkt. In Augenblicken, in denen der Blutdruck bei diesen Kindern absinkt und sie müde werden, greifen sie auf eine Verhaltensmöglichkeit zurück, die die meisten von uns kennen. Fast jeder kann sich an Augenblicke erinnern, in denen er etwas Unangenehmes erledigen sollte, doch bevor es in Angriff genommen wurde, befällt ihn eine große Müdigkeit und Unlust. Die unangenehme Tätigkeit wird dann auf morgen verschoben.

Eine große Gruppe von Kindern mit Lernstörungen nutzt diese Abwehrmöglichkeit so häufig und so stark, dass es ein wesentliches Merkmal ihrer Lernstörung ist."[15]

Was machen diese Untersuchungen deutlich?

❏ Verhält sich ein Kind beim Lernen aggressiv, wird in der Regel dadurch ein Absinken des Blutdrucks verhindert. Bewegung und Erregung halten den Blutdruck stabil.

❏ Hyperaktive Kinder, die beim Lernen einen starken Bewegungsdrang erleben, reagieren weit weniger mit Blutdruckabsenkung.

❏ Bei Kindern mit Lernstörungen sinkt vor allem der diastolische Blutdruck. Es handelt sich um den *unteren* Wert bei der Messung.

❏ Werden diese Blutdruckabsenkungen nicht behandelt, verfestigen und verselbständigen sich diese Absenkungen. Sie werden zur Gewohnheit.

❏ Es leuchtet ein, je weniger das Kind erregt und motiviert ist, desto unkonzentrierter ist es beim Lernen. Das Kind arbeitet langsamer und begreift schlechter.

❏ Steigert sich die Konzentrationsschwäche und die Fehlerquellen nehmen bei Kindern zu, wird häufig auf überhöhte Erregung und Nervosität geschlossen. Das kann sein, oft sind es aber Blutdruckabsenkungen.

1. Unerkannte Blutdruckabsenkungen bei Kindern können eine negative Selbstabwertung hervorrufen. Kinder glauben, zu dumm und zu untüchtig zu sein. Diese Minderwertigkeitsgefühle können sich verfestigen und ein positives Lebensgefühl beeinträchtigen.

2. Auch die Eltern können Kinder ungerecht behandeln, wenn sie solche somatischen Störungen übersehen und nicht wahrhaben wollen. Die Spannung zwischen Eltern und Kindern erhöht sich.

3. Die Psychologen Jansen und Streit machen auf die frühe Förderung von entwicklungsverzögerten und behinderten Kindern aufmerksam, wenn sie schreiben:

„Die frühe Förderung entwicklungsverzögerter und behinderter Kinder muss besondere Berücksichtigung finden. Bei einer großen Untergruppe dieser Kinder können – oft starke – Blutdruckabsenkungen beobachtet werden. Meist ist das Lernvermögen dieser Kinder genau in den Bereichen erniedrigt, in denen sie gefördert werden. Dies bedeutet, dass das Kind genau in den Bereichen schlechter lernt, in denen es Entwicklungsrückstände aufholen soll.

Entwicklungsverzögerte und behinderte Kinder müssen gefördert werden, und zwar je früher desto besser. Frühe Förderung ist normalerweise am erfolgreichsten, wenn die Übungen täglich durchgeführt werden." [16]

4. Eltern und Erzieher müssen darauf achten, dass Kinder nicht bei verbalen Auseinandersetzungen den Blutdruck absenken. Eltern und Erzieher dagegen erhöhen ihren Blutdruck, werden wütend und lassen ihren Frust an den Kindern aus.

5. Eltern und Erziehen sollten prüfen, welche Motive bei faulen Kindern vorliegen. Tun sie es nicht, kann folgendes geschehen:

„Ein Kind, das seinen Blutdruck während des Lernens stärker absenkt, hat damit vor allem noch eine Möglichkeit: sich innerlich vom Lernen abzuwenden. Lernen kann für dieses Kind nicht mehr anziehend oder befriedigend verlaufen. Wenn das Kind nicht lernen will, tut es also nur das, was es aufgrund seiner biologischen Ausstattung tun muss. Es ist in einem solchen Augenblick weder faul noch willenlos, sondern richtet sich an seiner wahrgenommenen Wirklichkeit aus: Lernen ist unattraktiv."[17]

> **Lernstörungen entstehen, wenn Eltern anders sprechen als sie handeln**

Lernstörungen können auch entstehen, wenn Eltern widersprüchlich reagieren. Was sie sagen und was sie tun, stimmt nicht überein.

❑ Sie wollen loben und ziehen ein strafendes Gesicht.
❑ Sie wollen sich dem Kind zuwenden und sind mit anderen Dingen beschäftigt.
❑ Sie lächeln das Kind an und sind innerlich sehr zornig.
❑ Sie sagen, dass sie das Kind lieben, und wenden sich gleichzeitig ab.

Wenn das *mal* geschieht, ist das völlig unwichtig, wenn es häufig geschieht, wird das Kind verwirrt. Es wird orientierungslos. Es kann sich auf die Erwachsenen nicht mehr verlassen. Zwei Therapeuten kommentieren dieses Verhalten folgendermaßen:

„Wenn Eltern ihrem Kind auf der sprachlichen und der bildlichen Ebene Widersprüchlichkeiten mitteilen, hat das Kind drei Möglichkeiten zu reagieren:

1. Es kann sich auf das einlassen, was es sieht.
2. Es kann sich auf den sprachlichen Inhalt einlassen.

3. Es kann versuchen, den Konflikt bewusst zu lösen, der sich aus den widersprüchlichen Botschaften ergibt.

Bei der Analyse von Hunderten von Videoaufzeichnungen konnten wir immer wieder folgendes beobachten: In den verschiedenen Situationen wählen Kinder am häufigsten die erste Möglichkeit. Wenn Sprache und Bild Unterschiedliches vermitteln, reagieren sie mit ihrem Verhalten eher auf das, was sie sehen, als auf das, was ihnen über die Sprache gesagt wird. Die dritte Möglichkeit, den Konflikt der widersprüchlichen Botschaften bewußt aufzugreifen, kann so gut wie nie beobachtet werden."[18]

> Kinder sind hervorragende Beobachter, aber schlechte Interpreten.

Schon Alfred Adler konnte den hilfreichen Satz sagen: Kinder sind hervorragende Beobachter, aber schlechte Interpreten.

Kinder beobachten genau. Aber Widersprüchlichkeiten können sie nicht einordnen.

Lerngestört oder verwirrt?

Kann es sein, dass Ihr lerngestörtes Kind ein verwirrtes Kind ist?

Das Vertrauen des Kindes ist erschüttert. Sein Lebensgrundgefühl ist beeinträchtigt. Geborgenheit und Sicherheit sind untergraben.

Die Konzentration fehlt, weil sein mangelndes Geborgenheitsgefühl die Seele zerrissen hat.

Die Eltern senden nicht einhellige Botschaften:
- ❑ Ihre Appelle sind *zweideutig*,
- ❑ ihre Appelle sind *unklar*,
- ❑ ihre Appelle sind *widersprüchlich*.

Was sind die Folgen dieser widersprüchlichen Botschaften:
- ❑ Das Kind erlebt sich hin- und hergerissen und reagiert entmutigt.

- ❑ Das Kind ist verunsichert. Es misstraut seinen Reaktionen.
- ❑ Das Kind misstraut den Erwachsenen und misstraut sich.
  Die Handlungen der Erwachsenen sind für das Kind unberechenbar.
  Es denkt konfus, fühlt konfus und reagiert konfus.
- ❑ Das Kind zieht sich zurück.
  Die Kinder geraten in eine ausweglose Lage. Sie fliehen unter Umständen in Alkohol und Drogen.
- ❑ Völlige Passivität.
  Der Lebensmut ist hin, Kinder lassen die Flügel hängen. Der Arbeitseifer ist verschwunden. Die sprichwörtliche Faulheit wird verständlich. Das Kind hat seine Motivation verloren.

> Die Forschung ist heute der Meinung, dass Botschaften, die inkongruent vermittelt werden, auf Dauer krank machen können.

Stimmen Wort und Tat überein?

Jesus hat uns in der Bergpredigt eine Kommunikationsregel hinterlassen, die unmissverständlich ausdrückt, worauf es ankommt:

„Euer Ja sei ein Ja, euer Nein ein Nein; alles andere stammt vom Bösen" (Matthäus 5, 37).

Das heißt doch:

- ❑ Wir können verbal eindeutige Botschaften senden, aber mit dem Körper lügen.
- ❑ Wir können mit dem Mund ehrlich und aufrichtig sein, aber im Herzen anders denken.
- ❑ Wir können uns als Christen von dem irrigen Vorurteil leiten lassen, wir müssten allezeit fröhlich, lieb und herzlich sein, demonstrieren aber in Wort und Tat eine fromme Verlogenheit.

Die Lernbereitschaft ist zweifellos auch das Ergebnis von Vertrauen, Geborgenheit und Angenommensein. Das faule Kind fühlt sich im Stich gelassen und ist entmutigt.

Welche Probleme machen dem Kind zu schaffen?

	stimmt nicht	stimmt etwas	stimmt ganz
Das Kind fühlt sich benachteiligt.			
Das Kind fühlt sich nicht geliebt.			
Das Kind spielt den Klassenclown.			
Das Kind lehnt sich gegen den Lehrer auf.			
Das Kind übt Rache.			
Das Kind verweigert sich.			
Das Kind gibt sich auf.			
Interesselosigkeit an bestimmten Fächern.			
Interesselosigkeit an der Schule überhaupt.			
Da ist ein älterer tüchtigerer Bruder.			
Da ist eine ältere tüchtigere Schwester.			
Da ist eine jüngere tüchtigere Schwester.			
Da ist ein jüngerer tüchtigerer Bruder.			
Das Kind leidet unter Depressionen (Antriebslosigkeit).			

	stimmt nicht	stimmt etwas	stimmt ganz
Das Kind führt einen Machtkampf mit Eltern (einem Elternteil).			
Das Kind rivalisiert mit Geschwistern.			
Das Kind leidet unter der Uneinigkeit der Eltern.			
Trennungs- und Scheidungsabsichten der Eltern.			
Eltern sind geschieden (leben getrennt).			
Ein Geschwister wird von Eltern vorgezogen.			
Das Kind ist pessimistisch, ängstlich, befürchtend.			
Das Kind leidet unter Minderwertigkeitsgefühlen.			
Das Kind kritisiert die Überforderung durch die Eltern.			
Das Kind ist ein Perfektionist.			
Die Eltern (ein Elternteil) sind Perfektionisten.			
Das Kind ist in der Schule überfordert.			
Das Kind spielt mit Selbstmord.			
Das Kind hat zu viel Hobbys außerhalb der Schule.			
Das Kind ist ein Außenseiter und Eigenbrötler.			

Hinweise für den Selbsterforschungsfragebogen

1. Füllen Sie als Mutter und Vater den Fragebogen möglichst getrennt aus. Sie machen sich – schwarz auf weiß – klar, was in Ihrer Familie gespielt wird. Eine gute Beobachtung hilft Ihnen, die Störungen des Kindes (oder der Familie) gezielt anzugehen.

2. Sie können auch den Bogen vom Kind (mit Ihrer Hilfe) ausfüllen lassen. Diskutieren Sie aber nicht beim Ausfüllen mit dem Kind, ob die Antworten richtig oder falsch sind. Kreuzen Sie unvoreingenommen die Rubriken an, die das Kind Ihnen nennt.

3. Selbstverständlich können mehrere Probleme angekreuzt sein, die das Kind als Belastung oder Störung erlebt.

4. Gewichten Sie als Eltern die angekreuzten Probleme und sprechen Sie mit dem betroffenen Kind über die in Frage kommenden Punkte.

5. Überlegen Sie gemeinsam, mit welchen Problemen Sie anfangen wollen, sie zu ändern.

6. Beginnen Sie mit einem Problem und nehmen Sie nicht gleich mehrere Schwierigkeiten in Angriff.

7. Kommen Sie als Eltern mit dem Kind nicht zur Übereinstimmung, wie das Problem am günstigsten anzugehen ist, fragen Sie auch den Lehrer, der das Kind am besten kennt.

8. Werden Sie als Eltern mit den Lernstörungen nicht fertig, suchen Sie eine Beratungsstelle auf und lassen Sie die Schulschwierigkeiten abklären.

9. Bei allen Problemen, Schwierigkeiten und Störungen fragen Sie immer:

❑ Was bezweckt mein Kind mit diesen Verhaltensmustern?

❑ Was will es mit Eifersucht, Konzentrationsschwäche, Faulheit und Willensschwäche erreichen?

❑ Flieht es in Hobbys, in Träumereien, in Spiele und Hilflosigkeit?

❑ Will es uns strafen und ärgerlich machen? Will es sich an uns rächen?

❑ Will es sich ganz aufgeben, um in Ruhe gelassen zu werden?

❑ Fragen Sie sich, ob die Beziehung zu dem störenden Kind in Ordnung ist?

❑ Kritisieren Sie zu viel?

❑ Hängt Ihr Prestige von den Leistungen der Kinder ab?

5

Die Aufmerksamkeitsstörung

Die meisten von uns kennen die Bildergeschichte vom *Zappelphilipp*, auch die eindrückliche Erzählung vom *Hans-Guck-in-die-Luft*. Sie demonstrieren die Problematik der Teilleistungsstörungen. Schon vor hundert Jahren wurden diese Störungen bei Kindern beobachtet.

Was ist kennzeichnend für diese Problematik?

1. Diese Kinder sind unruhig und hektisch in ihren Bewegungen

Eltern und Erzieher haben das Gefühl, auf taube Ohren zu stoßen. Die Aufmerksamkeit ist nur für sehr kurze Zeit gegeben. Auffällig ist, die Kinder sind schnell ablenkbar.

2. Diese Kinder gestalten unkontrolliert ihren Tag

Impulsiv lassen sie sich von einem Spiel zum anderen hinreißen. Sie halten nicht durch, springen unaufmerksam von einem zum anderen. Eltern und Erzieher, die selbst unruhig und nervös sind, reagieren wütend und verschlimmern die Befindlichkeit des Kindes mit Teilleistungsstörungen. Die genannten Kinder brauchen Ruhe, Gleichmäßigkeit, Geduld und Motivationskraft der Erzieher.

3. Diese Kinder sind unordentlich und chaotisch

Nichts ist geplant und durchdacht. Sie leben drauflos. Das Zusammenspiel mit vielen Kindern macht sie noch nervöser. Konkrete Anweisungen für Spiel und Arbeit werden überhört und übersehen. Penetrant setzen diese Kinder ihre Vorstellungen durch. Eltern und Erzieher, die Geduld und innere Ruhe nicht aufbringen können, sind keine Hilfe für diese Kinder.

4. Die Kinder dürfen nicht als böswillig charakterisiert werden

Die Aufmerksamkeitsstörung, wenn sie als solche analysiert wurde, darf nicht als Böswilligkeit der Kinder ausgelegt werden. Disziplinlosigkeit und Mittelpunktstreben werden von vielen Eltern als „schlechtes Benehmen" gedeutet. Viele Kinder sind überdurchschnittlich begabt, ihre Teilleistungsstörung verhindert aber eine optimale Lernfähigkeit und behindert die Einfügung in eine Gruppe.

5. Diese Kinder reagieren trotzig und wütend

Ein weiteres Symptom macht Eltern und Erziehern zu schaffen. Die Kinder gehorchen schlecht, geben sich extrem bockig und neigen zu aggressiven Ausbrüchen. Gefahren können sie schwer einschätzen und lassen sich zu risikoreichen Abenteuern verleiten. Ihnen fehlen Übersicht und Kontrolle.

6. Diese Kinder leiden unter der Ablehnung Gleichaltriger

Ihr auffallendes Verhalten läßt sie bei Gleichaltrigen nicht beliebt sein. Spielkameraden lehnen sie ab, weil sie ihren Mund weit aufreißen, ungehemmt und übermütig spielen. Auch die Eltern geraten in die Isolation, denn wenige wollen mit ihnen verkehren, weil die Kinder sich rüpelhaft und ungezogen verhalten.

7. Diese Kinder bringen Minderleistungen in der Schule

Die Teilleistungsstörungen, die oft mit Hyperaktivität verbunden sind, mindern zweifellos die Leistungsfähigkeit im schulischen Bereich. Bei Schulkameraden und Lehrern haben diese Kinder Schwierigkeiten. Den wenigsten Lehrern ist es gegeben, sich laufend mit ihnen geduldig und verständnisvoll abzugeben. Die Unruhe in der Klasse wird unerträglich. Schlechte Noten und schlechte Zeugnisse sind das Ergebnis. Kein Wunder, wenn die Lustlosigkeit dieser frustrierten Kinder als „Faulheit" bezeichnet wird.

Die Erklärungsversuche für diese Aufmerksamkeitsstörung sind vielschichtig. Die einen wollen die Reizüberflutung für die Störung verantwortlich machen. Andere machen in erster Linie cerebrale Dysfunktionen mit minimalen Ausfällen dafür verantwortlich. Wenn die Symptome eindeutig sind, hilft es nicht, sich einzureden, die Störungen werden sich eines Tages auswachsen.

Die Abklärung der Verhaltensauffälligkeiten in einer Kinderklinik ist auf alle Fälle angezeigt.

Aufmerksamkeitsstörung: ein Selbsterforschungsfragebogen für Eltern			
	stimmt nicht	stimmt etwas	stimmt ganz
Das Kind ist häufig unruhig und zappelig.			
Das Kind kann nur schwer sitzen bleiben, wenn es verlangt wird.			
Das Kind wird leicht durch äußere Reize abgelenkt.			
Das Kind kann in Spiel- oder Gruppensituationen nur schwer warten, bis es an die Reihe kommt.			
Das Kind platzt oft mit der Antwort heraus, bevor die Fragen vollständig gestellt sind.			
Das Kind führt Aufträge nicht vollständig aus, bringt seine Handlungen nicht zu Ende (Trotz liegt nicht vor).			
Das Kind ermüdet leicht, hat Schwierigkeiten, bei Aufgaben oder Spielen aufmerksam bei der Sache zu bleiben.			

	stimmt nicht	stimmt etwas	stimmt ganz
Das Kind wechselt häufig von einer nicht beendeten Aktivität zur anderen.			
Das Kind kann nur schwer ruhig spielen.			
Das Kind redet häufig übermäßig viel. Das Kind unterbricht oft andere oder drängt sich diesen auf, indem es z. B. ins Spiel anderer Kinder hineinplatzt.			
Das Kind scheint häufig nicht zuzuhören, wenn andere mit ihm sprechen.			
Das Kind verliert häufig Gegenstände, die es für Aufgaben oder Aktivitäten in der Schule oder zu Hause benötigt.			
Das Kind lässt sich oft – ohne Rücksicht auf mögliche Folgen – auf gefährliche Aktivitäten ein (läuft ohne zu schauen auf die Straße, fährt risikoreich mit dem Rad, geht ohne Zögern in tiefes Wasser, klettert unbedacht auf hohe Bäume).			

Wie oft haben Sie „stimmt ganz" angekreuzt?

Hinweise für den Selbsterforschungsfragebogen

1. Sollten mindestens acht der aufgeführten Punkte zutreffen, seit mehr als sechs Monaten bestehen und bereits vor dem sechsten Lebensjahr eingesetzt haben, so liegt der Verdacht auf eine Aufmerksamkeitsstörung nahe.

2. Auffällig ist, dass diese Kinder sehr gut mit einem Erwachsenen spielen können. Er muss allerdings die Ruhe bewahren, muss motivieren und das Kind zum geduldigen Weiterspielen ermutigen können.

3. Als Hilfe empfiehlt sich – neben einer gründlichen Diagnostik – ein Platz in einem Integrationskindergarten oder eine heilpädagogischen Tagesstätte für Vorschulkinder. Nach der Einschulung ist es hilfreich, begleitend in einer heilpädagogischen Tagesstätte betreut zu werden. Fehlende Kompetenzen kann das Kind hier einüben und erwerben.

4. Für Eltern ist es wichtig, eigene Verhaltensmuster zu überprüfen, zu verändern und den Bedürfnissen der Kinder anzupassen. Schimpfen, Schlagen und Strafen sind keine Erziehungsmittel, um die Aufmerksamkeitsstörungen zu verringern.

Der Zappelphilipp oder das hyperaktive Kind

Viele Kinder sind ungeschickt und zappelig. Ihre Unruhe nervt die Umgebung. Kennen Sie die Geschichte aus dem „Struwwelpeter"?

> „Ob der Philipp heute still
> wohl bei Tische sitzen will?"

Nein, das kann er nicht. Solche Kinder werden heute im allgemeinen „hyperaktiv" genannt. Es fällt ihnen schwer, sich zu konzentrieren, sie können nicht still sitzen, stehen auf und laufen unkontrolliert herum. Sie haben auch Schwierigkeiten mit Gehorsam. In der Schule und bei den Hausaufgaben ergreifen sie jede Ablenkung beim Schopfe. Diese Kinder sind leicht vergesslich, kommen mit ihren Arbeiten nicht zu Ende. Andere wiederum können rechts und links nicht genau unterscheiden, können sich Lautfolgen nicht merken und reagieren mit Koordinationsschwierigkeiten.

Wieder andere können

❑ schlecht mit der Schere schneiden;

❑ können keine geraden Linien ziehen;

❑ halten Federhalter verkrampft;

❑ sie schreiben unverständlich;

❑ sie schreiben bei Diktaten anfangs fehlerfrei, dann häufen sich die Fehler;

❑ sie lassen sich leicht verwirren;

❑ sie sind launisch und leiden unter Stimmungsschwankungen;

❑ was sie sehen, wollen sie gleich haben;

❑ sie können ihre Wünsche und Bedürfnisse nicht zügeln.

Was können Eltern und Erzieher tun?

1. Nicht so viel schimpfen!
Eltern und Erzieher sind genervt, weil sie die Unruhe des Kindes nicht ertragen können. Das ist verständlich, erhöht aber die Reizbarkeit des Kindes.

2. Diese Kinder brauchen einen festen Rahmen
Eltern und Erzieher benötigen ruhige Kompetenz. Sie müssen dafür sorgen, dass bestimmte Regeln und Ordnungen eingehalten werden. Essen, Schlafen, Hausaufgaben und Freizeitgestaltung verlangen einen festen Rahmen.

3. Harte Strafen helfen nicht!
Es kommt selbstverständlich immer wieder zu Regelverstößen. Die Unruhe ist keine Bosheit des Kindes. Wird ein Verhalten hart unterdrückt, kommt es zu Aggressionen, Wutausbrüchen und dissozialen Verhaltensmustern draußen. Der Hausarrest ist für diese Kinder völlig unangebracht. Die Unruhe steigert sich ins Groteske.

4. Hyperaktive Kinder stören

Sie unterbrechen Gespräche, zerbrechen Spielzeug, neigen schnell zu Wutausbrüchen und demonstrieren, dass sie machen können, was sie wollen.

Hilfreich ist es, sie 10 bis 15 Minuten lang aus dem Zimmer zu schicken. Geht das Kind nicht, sind die Eltern gezwungen, es fest am Arm nach draußen zu befördern. Das Kind darf seinen Willen nicht durchsetzen.

5. Helfen Sie dem Kind, sich angepasst zu verhalten!

Das ist bei diesen Kindern leichter gesagt als getan. Sie haben nicht die Fähigkeit, Impulse zu kontrollieren. Darum helfen Strafen, Drohungen und Gewalt nicht. Durch klare Regeln lassen sich Spannungen im Kind abbauen. Benutzen Sie wenig Regeln, die aber eingehalten werden müssen. Ein entspanntes Kind kann eher folgen.

6. Bewahren Sie Geduld beim Schreiben und Malen des Kindes!

Hyperaktive Kinder sind häufig „Schmierfinken". Ihre Schrift ist ungelenk und staksig. Sie drücken zu stark auf das Papier und sind verkrampft. Das Kind kann nur in Bestform schön schreiben und die ist selten. Vielleicht braucht das Kind zusätzlichen Unterricht in Fingermalen, Kneten, Häkeln, Perlen aufziehen usw.

7. Üben Sie das „Schriftspurverfahren"!

Gustav Keller und Brigitte Thewalt beschreiben es so: „Bei fortgeschrittenen Schülern hat sich das sogenannte ‚Schriftspurverfahren' bewährt. Über einen gut geschriebenen Text (etwa 40 Wörter beim Zweitkläßler) wird Butterbrotpapier gelegt, auf dem die durchscheinenden Schriftzüge nachgezogen werden sollen. Zunächst wird der Text mehrere Male geübt, bis das Kind schließlich den Text so schnell und so gut wie möglich schreiben kann. Man kann jedes Mal die Zeitdauer der Übung notieren, bis keine Geschwindigkeitssteigerung mehr möglich ist. Erst dann wird ein neuer Test geübt. Die tägliche Übungszeit darf nicht mehr als 20 bis 30 Minuten betragen."[19]

8. Seien Sie vorsichtig mit Medikamenten!

„Auch in Schweden leiden eine Menge Kinder unter der Aufmerksamkeitsstörung (ADS), und auch in Schweden verbreitet sich über die Psychiatrie die amerikanische (Un-)Sitte, Psychopharmaka als Heilmittel zu sehen. In Schweden liegen jetzt Berichte vor über die Menge Retalin, die Ciba Geigy in den USA umsetzt. 1990 wurden 1700 Kilogramm Retalin verkauft, und 1994 waren es bereits 8189 Kilo. Die Einschätzung, an wie viele Kinder in den USA Retalin und Amphetamine verabreicht wurden, schwankt zwischen 1,5 und 3 Millionen, in England wird konsequent ein anderer Weg versucht, und in Frankreich dürfen nur in Spezialkliniken diese Medikamente an Kinder verabreicht werden."[20]

Viele Eltern wollen ihr Kind ruhig stellen, damit es den schulischen Anforderungen gerecht wird. Sehr wahrscheinlich müssen Sie mit Retalin, das auch gern bei hyperaktiven Kindern verwendet wird, mit Nebenwirkungen und Nachteilen, die von einigen Fachleuten recht hoch eingestuft werden, vorlieb nehmen.

Konzentrationsblockaden

Es gibt bei Schulkindern eine Reihe von Konzentrationsblockaden, die Eltern und Erzieher kennen sollten.

Blockade 1: Ablenkungen und Unterbrechungen

Jedem leuchtet ein, dass es schwierig ist, sich zu konzentrieren, wenn ständig Geräusche, Telefonate, Radio- oder Kassettenmusik die Aufmerksamkeit beeinträchtigen. Sorgen Sie dafür, dass der Geräuschpegel gering ist.

Blockade 2: Mangel an Übung und Erfahrung

Konzentration ist eine Fertigkeit. Sie muss trainiert und gelernt werden. Sie fällt nicht vom Himmel. In kleinen Dosen lernen unsere Kinder, sich einige Minuten, später bei längeren Zeitabschnitten zu konzentrieren.

Blockade 3: Gewohnheitsmäßige Unaufmerksamkeit/Zerstreutheit

Manche Menschen sind mit ihren Gedanken einfach woanders. Sie können nicht anders, als mehrere Dinge gleichzeitig tun. Sehr wahrscheinlich haben sie dieses Verhaltensmuster von Eltern oder Freunden übernommen. Der Mensch ist aber ein „Gewohnheitstier" und behält gern eintrainierte Verhaltensmuster bei. Ist das Kind bereit, systematisch diese Gewohnheiten zu unterlassen?

Blockade 4: Geringe Frustrationstoleranz

Viele Kinder und Jugendliche sind verwöhnt. Ihre Fähigkeit, Frustrationen auszuhalten, ist gering. Eltern und Erzieher sind darauf angewiesen, in kleinen Dosen ihren Kindern Entsagungen zuzumuten. Disziplin muss eintrainiert werden. Wie will sich das Kind sonst konzentrieren können!

Blockade 5: Mangel an Interesse oder Motivation

Konzentration ist unmöglich, wenn das Interesse fehlt. Können Sie dem Kind vermitteln, dass es Aufgaben gibt, die unbedingt unsere Konzentration erfordern? Wer diese unangenehmen Aufgaben sofort anpackt, fördert sein Interesse und fördert seine Aufmerksamkeit.

Blockade 6: Aufschieben

Sie kennen das Sprichwort: „Aufgeschoben ist nicht aufgehoben." Kinder zögern eine Hausaufgabe hinaus. Einen plausiblen Grund gibt es in der Regel nicht dafür. Auch das Aufschieben kann zur Gewohnheit werden. Ein Grund kann die Verwöhnung sein. Alles Unangenehme wird eliminiert. Können wir Kinder daran gewöhnen, zunächst das Unangenehme in Angriff zu nehmen?

Blockade 7: Gedankenloses Handeln
Kinder müssen lernen, Prioritäten zu setzen. Sie sollten sich einen Tagesplan machen. Einfach mit irgend etwas zu beginnen, ist unklug. Nebensächlichkeiten gewinnen Vorrang. Wichtige Dinge bleiben liegen. Die Zeit ist buchstäblich vertrödelt. Geben wir unseren Kindern die Chance, systematisch zu lernen und zu arbeiten.

Blockade 8: Überbelastung
Viele Kinder verzetteln sich. Sie wollen viele Dinge machen, viele Hobbys pflegen und viele Kontakte wahrnehmen. Wer sich verzettelt, ist konzentrationsschwach. Er kann nicht bei der Sache sein.

Blockade 9: Müdigkeit, Stress und schlechte Gesundheit
Konzentration ist zielgerichtete geistige Energie. Ist das Kind müde, gestresst und in schlechter gesundheitlicher Verfassung, fehlt die Kraft, sich zu konzentrieren. Schaut es zu lange fern? Liest es nachts im Bett? Bekommt es zu wenig Schlaf?

Blockade 10: Ungelöste emotionale Probleme
Hat das Kind Schwierigkeiten mit Lehrern, mit Spielkameraden? Hat es Freunde? Stimmt das familiäre Klima? Wird ein anderes Kind vorgezogen? Fühlt es sich zurückgesetzt?

Blockade 11: Negative Einstellung
Glaubt das Kind an sich? Programmiert es den Misserfolg? Sieht es nur die Schattenseiten und glaubt, es nicht zu schaffen? Diese Einstellung ist nicht leicht zu ändern. [21]

- ❏ Konzentration heißt: Sich einem Tun ganz und gar widmen. Konzentration kann man lernen.
- ❏ Viele Kinde sind nicht generell konzentrationsschwach, sondern zeigen bei bestimmten Tätigkeiten Konzentrationsmängel.
- ❏ Konzentration bei Hausaufgaben bedeutet: Das Kind widmet seinen Hausaufgaben volle Aufmerksamkeit.

Was liegt vor, wenn diese Konzentrationsfähigkeit gestört ist? Möglichkeiten:

	stimmt	stimmt nicht
Das Kind hat zur Zeit eine körperliche Beeinträchtigung.		
Das Kind macht zur Zeit einen Wachstumsschub durch.		
Es leidet an Kreislaufstörungen, an Wetterfühligkeit usw.		
Es mangelt an Schlaf, Leistungsfähigkeit ist auf dem Tiefpunkt.		
Das Kind arbeitet an einem ungünstigen Arbeitsplatz.		
Das Kind wird nicht genügend leistungsmäßig gefordert.		
Das Kind ist für dieses Fach nicht motiviert.		
Das Kind erlebt eine Teil-Leistungsstörung (Lese-Rechtschreibschwäche.		
Das Kind fühlt sich überfordert und wehrt ab.		
Das Kind ist ein Träumer, sehr phantasiereich.		
Das Kind erlebt Trennung und Scheidung der Eltern.		

	stimmt	stimmt nicht
Das Kind wird autoritär erzogen. Es reagiert mit Angst.		
Das Kind hat Eltern, die selbst hektisch und unkonzentriert sind.		
Das Kind hat zu viel Freizeitaktivitäten und Terminnot.		
Das Kind ärgert die Erzieher durch Unkonzentriertheit.		
Das Kind ist nicht konzentrationsschwach, aber Vater oder Mutter erwarten zuviel.		
Will das Kind die Eltern oder Erzieher bestrafen?		

❑ Prüfen Sie, welche Punkte stimmen.
❑ Überlegen Sie mit dem Kind, wie Sie die Konzentrationsschwäche überwinden können.

6 Lernerfolg und Gemütsverfassung

> Der Kopf ist kein gefühlloser Trichter, in den man uneingeschränkt Wissen hineingießen kann. Der *ganze* Mensch nimmt auf, ist beteiligt oder nicht beteiligt, interessiert oder desinteressiert.

In der Elternversammlung sagt Frau Schulz: „Der Lernerfolg ist doch eine Frage der Intelligenz. Hat das Kind genügend Intelligenz, kann es erfolgreich lernen, hat es sie nicht, kann es nicht erfolgreich lernen."

Das klingt einleuchtend, die Wirklichkeit spricht dagegen. Der Erfolg des Lernens hängt von vielen Faktoren ab. Die Begleitmusik ist entscheidend. Der Kopf, der das umfangreiche Wissen aufnehmen soll, sitzt an einem Körper, der mitbekommt, wie schnell oder wie langsam das Bildungsgut sich in das Gehirn ergießt. Der Kopf ist kein gefühlloser Trichter, in den man uneingeschränkt Wissen hineingießen kann. Der *ganze* Mensch nimmt auf, ist beteiligt oder nicht beteiligt, interessiert oder desinteressiert. Die seelische Gesamtverfassung bestimmt den Lernerfolg. Einige Faktoren schauen wir uns an:

Stimmungslage und Lernerfolg

Leistung und Lernen hängen von der Stimmung ab. Ja, wir können überspitzt formulieren: Alle Lebensvorgänge stehen mit dem Gefühl in engster Verbindung.

Heiterkeit, Schwermut, Verdrossenheit, Fröhlichkeit und Behaglichkeit können Motive oder Störfaktoren des Lernens sein.

Das Kind sagt: „Ich fühle mich *bedrückt*, ich fühle mich *gehemmt.*"

Oder es sagt: „Ich fühle mich *befreit*, ich fühle mich *beflügelt*, ich fühle mich *wohl.*"

Eine ausgeglichene Stimmungslage ist *eine* der Voraussetzungen für erfolgreiches Lernen. Stimmung ist ein Zumutesein. Ausgeglichenheit und Fröhlichkeit reizen zur Teilnahme, wecken Interesse. Schwermut und Resignation lähmen. Hüten wir uns, Stimmungen von vornherein als angeboren zu betrachten. Viele Fachleute glauben es. Alfred Adler widerspricht energisch, wenn er sagt:

> **Eine ausgeglichene Stimmungslage ist eine der Voraussetzungen für erfolgreiches Lernen.**

„Auch bezüglich der Menschen, deren Einstellung zum Leben und zu ihren Aufgaben allzusehr von einer Stimmung abhängig ist, befindet sich die Psychologie auf einem Irrweg, wenn sie meint, dass das angeborene Erscheinungen sind. Sie fallen alle in den Kreis der überaus ehrgeizigen und daher empfindlichen Naturen, die in ihrer Unzufriedenheit mit dem Leben nach verschiedenen Auswegen suchen."[22]

Die seelische Spannung

Bernds Eltern haben sich gestritten, sprechen seit Tagen kein Wort miteinander. Bernd möchte die beiden wieder versöhnen. Er ist völlig abgelenkt und mit seinen Eltern beschäftigt. Er träumt, ist konzentrationsschwach und lustlos. Wieder ein anderes Kind ist verängstigt, hat bittere Enttäuschungen erlebt, wurde bloßgestellt, in Frage gestellt. Seelische Spannungen blockieren den Lernerfolg.

Die körperliche Verfassung

Ingrid hat schmerzhafte Menstruationsbeschwerden. Ihr ist weinerlich zumute. Sie reagiert überempfindlich, ist mit sich beschäftigt und läßt den Unterricht über sich ergehen. Der Lernerfolg ist zeitweilig gestört.

Gisela hat eine Funktionsstörung der Bauchspeicheldrüse. Sie wird dicker und dicker, fühlt sich ausgelacht. Sie mag sich selbst nicht leiden und reagiert überall unausstehlich. Ihre Leistungen sind dementsprechend.

Mut und Selbstvertrauen

Entmutigung und Selbstwertstörungen sind Barrieren für den Lernerfolg. Die Kinder seufzen:

„Ich kann nichts."

„Ich lerne das doch nicht."

„Ich begreife das niemals."

Solche entmutigenden Aussagen untergraben den Lernerfolg. Im Hintergrund steckt Angst. Und Angst macht dumm. Mut und Selbstvertrauen dagegen verraten Freude am Lernen, Freude an der Sache, Freude an der Bereicherung der eigenen Kenntnisse und Bestätigung der geistigen Fähigkeiten. Selbstvertrauen verrät, der Lehrer ist mein Freund, ein Berater, ein Helfer. Ich fühle mich bei ihm aufgehoben. Ich vertraue mich ihm an, wenn ich etwas nicht verstanden habe. Der Erfolg:

Das Kind kann besser *aufnehmen*,

das Kind kann besser *verarbeiten*,

das Kind kann besser *wiedergeben*.

Genügend Freizeit

Ein Kind kann nicht pausenlos lernen, aufnehmen, verarbeiten und wiederholen. Unser Schulsystem trägt dieser Tatsache nicht genügend Rechnung. Die letzten Schulstunden am Vormittag sind anstrengender. Vom Unterricht am Nachmittag ganz zu schweigen. Das Kind ist abgespannt und müde. Am Nachmittag muss es Schularbeiten machen, wiederholen, sich auf neue Fächer und schriftliche Arbeiten vorbereiten. Die Freizeit ist knapp. Unbewusste Abwehr greift um sich.

Das Kind ist kein Schwamm, den man pausenlos mit Bildungswasser füllen kann. Ein Schwamm wird nicht müde, zweifelsfrei aber ein Kind. Je voller ein Schwamm, desto mehr kann er auch wieder von sich geben. Das ist beim Kind grundlegend anders. Das Schwammmodell, von dem unsere Schulen und Kultusminister weitgehend ausgehen, missachtet den natürlichen Rhythmus von Arbeit und Erholung.

Fragen zur Selbsterziehung

❏ Nehme ich die Stimmungslage meiner Kinder wahr? Womit hängt die Stimmungslage unserer Kinder zusammen? Wenn ich die Ursache für eine negative Stimmungslage erkannt habe, versuche ich sie zu ändern? Habe ich mich schon gefragt: Was will eventuell das Kind mit dieser oder jener ostentativ geäußerten Stimmung bezwecken? Sucht es Trost und Verständnis? Oder will es in Ruhe gelassen werden?

❏ Wie bewerte ich seelische Spannungen im Verhältnis zum Lernerfolg? Halte ich sie für entscheidend, für unwesentlich? Gehe ich den Spannungen auf den Grund?

❏ Halte ich bei körperlichen Beschwerden eine seelische Beeinflussung für möglich? Kann es sein, dass ich mit dem Kind von Arzt zu Arzt laufe, um von seelischen Schwierigkeiten im Familienleben abzulenken und entlastet zu werden? Neige ich überhaupt dazu, den Schwarzen Peter anderen zuzuschieben, um mich zu entlasten?

❏ Beurteile ich Entmutigung und Selbstwertstörungen als mangelnde Intelligenz? Bin ich bereit, meine eigenen Verhaltensweisen gegenüber dem Kind zu überprüfen? Versuche ich mit Appellen die Entmutigung aufzulösen? Haben Appelle von Erwachsenen an mich Erfolg, wenn ich als Vater oder Mutter entmutigt und resigniert bin?

❏ Mache ich mir Gedanken darüber, ob ein Kind überfordert ist? Denke ich darüber nach, ob es genügend Zeit hat für Freundschaften, Sport und Spiel, für musische Fähigkeiten, für Steckenpferde und Hobbys? Habe ich mir einmal die Mühe gemacht, die Stunden in der Woche auszurechnen, die das Kind für Schularbeiten benötigt? Zu welchen Ergebnissen bin ich gekommen? Können Missmut, Leistungsstörung, Konzentrationsmangel, das Abschalten in bestimmten Fächern oder völlige Lethargie damit verbunden sein, dass mein Kind einem enormen Druck durch Schule und Elternhaus ausgesetzt ist, dem es sich aktiv oder passiv entgegenstemmt?

Wie können Misserfolgserlebnisse durchbrochen werden?

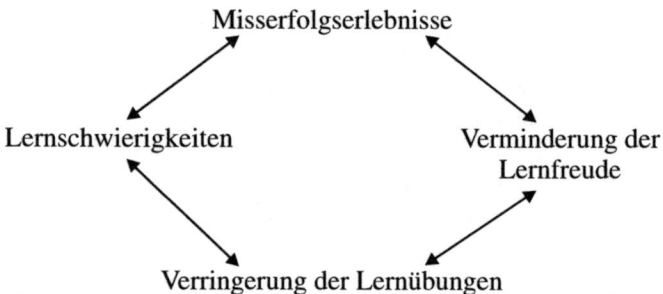

☐ Misserfolge, die einige Male hintereinander geschehen, sind für das Kind sehr entmutigend.

☐ Es helfen keine gutgemeinten Trostsätze. Das Problem muss ruhig und sachorientiert angepackt werden.

☐ Die Fragen lauten:
Wo liegen die konkreten Mängel?
Liegt eine pessimistische Misserfolgserwartung vor?
Kommen durch Ängste Denkblockaden?
Sind die Erwartungen der Eltern im allgemeinen zu hoch?
Rücksprache mit dem Lehrer: Wie schätzt er den Schüler ein? Welche Hilfen hält er für ratsam?

„Deine mathematische Begabung ist gleich Null!"

Mathematisches
Unvermögen

Vermeiden von
Mathematik

Übungen in Mathematik nur mit Widerwillen

❏ Wir sprechen von der sich selbst erfüllenden Prophezeiung.

❏ Stellen Sie darum Ihr Kind und bestimmte Begabungen nicht grundsätzlich in Frage!

❏ Gehen Sie nicht von einem idealen Maßstab aus!

❏ Ist dem Kind etwas völlig danebengegangen, bringen Sie Ihre Enttäuschung nicht gleich zum Ausdruck. Ermutigen Sie Ihr Kind! Der nächste Versuch wird wahrscheinlich günstiger ausfallen.

❏ Strafen und Strafandrohungen sind falsche Methoden, um die Lernmotivation zu steigern.

❏ Drohung mit Liebesentzug zerstört vollends das Vertrauen und die Lernbereitschaft des Kindes.

Unruhe, Ungeduld und Unsicherheit der Eltern belasten die Kinder

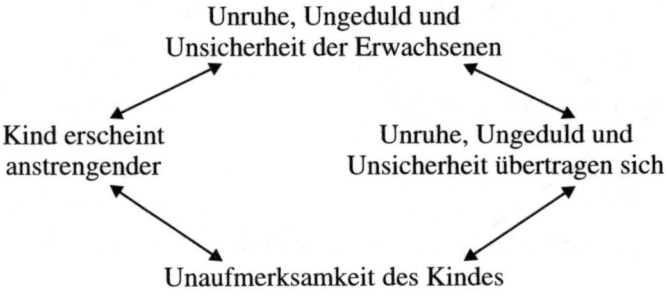

❑ Die gute Atmosphäre in der Familie ist wichtig.

❑ Spannungen, Unruhe, Eheschwierigkeiten und elterliche Meinungsverschiedenheit belasten sofort die Lernleistung des Kindes.

❑ Die gestörte Lernmotivation vergrößert die Spannung der Eltern.
Ein gefährlicher Teufelskreis.

7 Faulheit und Willensschwäche

Faulheit und Willensschwäche scheinen ein Geschwisterpaar zu sein. Eltern, die über faule Kinder berichten, sprechen in der Regel auch über Willensschwäche.

„Der Bengel hat keinen Funken Willenskraft in sich."

„Das Kind läßt sich einfach gehen, es läßt sich willenlos treiben."

„Es ist nicht stark genug, um sich zusammenzureißen."

„Unsere Tochter will ja mit der Faulheit fertig werden. Ab und zu nimmt sie einen Anlauf. Dann bricht die Willenskraft wieder zusammen."

„Bernd zeigt nicht den geringsten Mumm. Vor lächerlichsten Schularbeiten klappt er zusammen wie ein Taschenmesser."

„Der sagt einfach: Ich kann nicht!"

Wenn es auch überheblich wäre zu behaupten, dass wir „Herr unseres Schicksals" seien, so brauchen wir deshalb noch nicht gleich *Opfer* des Schicksals zu sein. Wir sind in der Tat die *Mitschöpfer* unseres Schicksals.

In der Handlung zeigt sich die wahre Absicht

In Wirklichkeit ist das Gerede von der *Willensschwäche* und *Willensstärke* Geschwätz. Der Mensch inszeniert auf der Bühne des Lebens geschickt seine *Scheinkämpfe*. Willensstärke und Willensschwäche sind geeignete Vokabeln, um ...

– Überlegenheit zu Schau zu stellen,

– sich zu rühmen,

- auf etwas stolz zu sein,
- eindrucksvoll einen „inneren Kampf" zu demonstrieren,
- sich auf geschickte Weise herauszureden und
- sich vor Aufgaben und der Verantwortung zu drücken.

Wir können auf die Begriffe Willenskraft und Willensstärke verzichten, die uns doch nur Sand in die Augen streuen. Was wir aber herausarbeiten müssen, ist:

- die *wahre* Absicht oder die *Schein*absicht,
- das *eingebildete* Ziel oder das *tatsächliche* Ziel,
- das, was wir *eigentlich* meinen, oder das, was wir *uneigentlich* meinen,
- das, was *sagen*, und das, was wir *tun*.

Unsere guten Absichten sind problematisch. „Der Weg zur Hölle ist mit guten Vorsätzen gepflastert." Willensschwäche sind vorgetäuschte gute Absichten. Die *wirklichen* Absichten laufen vermutlich in eine andere Richtung. Darum sollten wir weniger auf das achten, was wir *sagen*, als auf das, was wir *tun*. Unsere Handlungen entscheiden. Unsere Entscheidungen enthüllen unsere wahren Absichten.

> **Unsere Handlungen entscheiden. Unsere Entscheidungen enthüllen unsere wahren Absichten.**

Willensschwäche ist eine starke Waffe

Christian ist zwölf Jahre alt, ein weicher, aber cleverer Junge. Er ist kein Rebell, er leistet keinen harten Widerstand gegen die Eltern, aber seine Faulheit ist „himmelschreiend", wie der Vater sagt. Er ist ein starker, entscheidungsfähiger Mann, der nicht viel redet, wenn er erzieht, sondern handelt.

„Wenn der nicht will, muss er fühlen!" sagt der Vater. „Wir mussten das früher auch." Nach dem letzten Zeugnis allerdings ist er am Ende. Vier Fünfen, der Junge ist sitzengeblieben.

„Der ist stinkend faul, und ich weiß, dass er es kann! In den ersten Grundschuljahren hatte er prima Zeugnisse. Der kann nach dem Abitur studieren. Ich musste mir in Abendstunden alles hart erarbeiten. Mir wurde nichts geschenkt. Ich habe mich durchgebissen."

Christian sitzt ohne Freizeit hinter dem Schreibtisch und muss arbeiten, um seine Lücken aufzuforsten. Der Vater ist unerbittlich. „Und wenn er nicht will, muss er eben sitzen, bis er fertig ist. Christian hat es in der Hand!"

Christian hat es tatsächlich in der Hand. Er bestimmt, was er will. Die Schule ist die Achillesferse des Vaters. Christian ist weich. Gegen den Vater kommt er weder verbal

> Schwäche ist eine der stärksten Waffen der Auflehnung, der Herausforderung und der Inanspruchnahme.

noch mit lauter Opposition zum Zuge. Den Ehrgeiz des Vaters teilt er nicht. Gegen seine Strafen, Entziehung der Freizeit, Beschneidung der Fernsehzeit und unangenehme Hausarbeit ist Christian machtlos. Nur mit der Schule kann er den Vater an der empfindlichsten Stelle treffen. Seine Faulheit wird zur Waffe, seine Willensschwäche zur Stärke. Faulheit ist eminente „Willensstärke". Christian muss eine Reihe Unannehmlichkeiten in Kauf nehmen, um sich gegen den Vater durchzusetzen.

Rudolf Dreikurs schreibt:

„Tatsächlich gibt es so etwas wie Willensstärke gar nicht. In den Begrenzungen einer gegebenen Situation hat jeder Mensch die Macht, zu tun, wofür er sich entscheidet ... Es bedarf keiner übergroßen psychologischen Einfühlungskraft, um zu erkennen, dass die sogenannten Schwachen die Unterstützung aller Starken in ihrem Umkreis in Anspruch nehmen. Schwäche ist eine der *stärksten* Waffen der Auflehnung, der Herausforderung und der Inanspruchnahme. Der Schwächling widersteht seinen Gegnern, gleichgültig, wie stark sie sind."[23]

In der Bibel steht die Aussage: „Der Geist ist willig, aber das Fleisch ist schwach." Wo liegt die Problematik, wenn Kinder oder Erwachsene diesen Satz zitieren? Menschen sind rückfällig geworden. Sie hatten einen feierlichen Vorsatz gefasst, sie hatten heldenmütig gegen die Versuchung gekämpft, und sie sind kämpfend vom „Fleisch" besiegt worden. Sie produzieren einen lebhaften Katzenjammer. Reue und Scham werfen ein gutes Licht auf den Versager. Sie kommen sich klein, häßlich und minderwertig vor und ziehen sich auf diese Weise aus der Affäre. Die *Verantwortung* wird beiseite geschoben. Der Geist hat schließlich ehrlich und redlich gekämpft, aber gegen die Schwäche des Fleisches kam er nicht an. Wir sind entschuldigt. Irrationale Mächte in uns haben die Niederlage ausgehandelt.

Wir *verschanzen* uns hinter Willensstärke oder -schwäche. Das Vorurteil von der Willensstärke bzw. Willensschwäche ist weit verbreitet. Denn gibt es wirklich so etwas wie Willensstärke und Willensschwäche als ursprüngliche Charakterqualitäten, ist der Ausgang eines Seelenkampfes schon auf dem Vorwege entschieden. Die *anlagebedingte* Willensschwäche ist von vornherein entschuldigt. Gegen eine Willensschwäche ist der Mensch machtlos. Kann er sich stärker machen, als er ist? Hinzu kommt, wer sich als Faulenzer auf seine *Charakterschwäche* beruft, redet sich auch schon heraus. Der Faulenzer oder Neurotiker ist nicht für seine Neurose verantwortlich, aber für seine *Einstellung* zur Neurose. Wer sich als Mensch treiben läßt, läßt sich eben treiben. Er verfolgt ein Ziel, er verzichtet auf Personalität und Existentialität. Und für den Willensstarken gilt: Er kann keinen moralischen Verdienst für sich in Anspruch nehmen, weil seine Stärke ja vorgegeben ist. Seine Tugend ist Anlage.

Das Ziel der Willensschwäche

Die Individualpsychologie ist am Lebensstil des Menschen interessiert. Sie sieht den Menschen als Ganzes und nicht von Kräften und Mächten zerstritten. Der Charakter eines Menschen ist nichts anderes als der individuelle Ausdruck der personalen Finaliät, der Einheit der Persönlichkeit.

Die final-analytische Frage lautet: Was will der Faule, der Willensschwache mit seinem Verhalten *bezwecken*, was ist der *Sinn* seiner Einstellung?

> Was will der Faule, der Willensschwache mit seinem Verhalten bezwecken, was ist der Sinn seiner Einstellung?

Mit Faulheit und Willensschwäche verfolgt das Kind ein klares Ziel. *Alfred Adler* umschreibt es so:

„Am schwersten wird sich der Leser oder der Gegner meiner Anschauungen damit abfinden können, dass selbst Unterwürfigkeit, Knechtseligkeit, Unselbständigkeit, Faulheit und masochistische Züge, deutliche Zeichen eines Minderwertigkeitsgefühls, das Gefühl einer Erleichterung oder gar eines Privilegiums aufkommen lassen. Dass sie Proteste sind gegen eine aktive Lösung der Lebensfragen im Sinne der Gemeinschaft, ist leicht zu verstehen. Ebenso, dass sie trickreiche Versuche darstellen, einer Niederlage zu entgehen, wo Gemeinschaftsgefühl in Anspruch genommen wird, von dem sie, wie aus ihrem ganzen Lebensstil hervorgeht, zu wenig besitzen."[24]

Willensschwäche und Fatalismus

Wir haben gesehen, dass Faule und Willensschwache ein Ziel verfolgen. Sie fliehen vor der Verantwortung. Und was gibt diesen Menschen die Fliehkraft? Es ist der Aberglaube an die Macht des Schicksals – des äußeren wie des inneren –, an die Macht der *äußeren* Umstände und der *inneren* Zustände.

Fatalismus ist Schwarzseherei. Fatalismus ist eine Pechvogel-Ideologie. Am Anfang stand der mangelnde Glaube an sich: Zweifel, Entmutigung und Misserfolgserwartung. Und was ich erwarte, das geschieht; was ich glaube, das bewahrheitet sich. Der Pechvogel sammelt Beweise für seinen Glauben. Der Faule sammelt Beweise für seine negativen Erwartungen. Er bekommt sie.

Der Begründer der Logo-Therapie, Viktor E. Frankl, bestätigt diese Erwartungshaltung des fatalistischen Willensschwachen, wenn er schreibt:

„Aber beim Neurotiker ist es typischerweise ebenso: Was er an sich selbst feststellt – auf das legt er sich immer auch schon fest; was er in sich vorfindet – damit findet er sich immer auch schon ab. Spricht er beispielsweise von seiner Willensschwäche, so vergisst er, dass nicht nur gilt: Wo ein Wille ist, da ist auch ein Weg – sondern es gilt mehr als dies, es gilt nämlich auch: *Wo ein Ziel ist, dort ist auch ein Wille.* Sobald jedoch ein Neurotiker von seinen Charakterzügen, überhaupt von seinem Charakter nur redet, redet er sich auf diesen Charakter schon heraus. Aber wie sollte einer, der sein Schicksal für besiegelt hält, es besiegen können?"[25]

> **Wo ein Ziel ist, dort ist auch ein Wille.**

Die Kraft der Erwartungen

Erwartungen sind wahrscheinlich die stärkste Kraft im menschlichen Leben. *Negative* Erwartungen fordern den Misserfolg und das Dilemma geradezu heraus. Faule sind so von der Nutzlosigkeit jeglicher Anstrengung überzeugt, dass die Kraft ihrer Erwartung das Ergebnis bestimmt. Der Mensch bewegt sich so, dass er scheitern muss, er setzt zur falschen Zeit den falschen Hebel an.

Welche Kraft Erwartungen freisetzen können, machen Ver-

suche mit Placebos, mit Schein-
medikamenten, an Patienten deutlich, die objektiv keine medizini-
sche Wirkung haben können. Erik
Blumenthal beschreibt die Ver-
suchsergebnisse:

> **Erwartungen sind wahrscheinlich die stärkste Kraft im menschlichen Leben.**

„Man gab diese Placebos einer größeren Gruppe von Ärzten mit der Weisung, sie ihren Patienten weiterzugeben. Bei einem Großversuch, der an Tausenden von Patienten vorgenommen wurde, stellte sich heraus, dass 2/3 aller Patienten auf Grund dieser Placebos geheilt worden sind. Sie haben erwartet – man kann auch sagen, sie haben geglaubt –, dass es sich um richtige Mittel handelt, die ihnen helfen. Solche Versuche sind schon öfter gemacht worden, aber einer dieser Großversuche wurde zum Doppelblindversuch erweitert.

Man gab im zweiten Teil des Experimentes wieder einer größeren Gruppe von Ärzten diese Placebos, ließ dieses Mal aber die Ärzte selber im Glauben, dass es sich um echte Medikamente handelt. Die Ärzte haben also die Placebos ihren Patienten im guten Glauben gegeben, mit dem Resultat, dass annähernd 90 % aller Patienten gesund wurden. Dieses erstaunliche Ergebnis kam dadurch zustande, dass außer dem Glauben der Patienten an die Medikamente im zweiten Teil des Versuches auch der Glaube der Ärzte an die Medikamente hinzukam."[26]

Erwartungen und Befürchtungen sind die stärksten Motivierungskräfte. Wir alle handeln entsprechend unseren Erwartungen. Wer die Erwartungen des Faulen und Willensschwachen ändern kann, kann sein Verhalten verwandeln.

8

Faulheit oder wenn es in der Familie kriselt

Lerneifer und Lernbereitschaft sind *auch* von emotionalen Einflüssen abhängig. Der Mensch ist kein Roboter, der mit Daten, Informationen und Wissen gefüttert werden kann, die er dann reglos verarbeitet und wiedergibt. Der Mensch ist ein hochsensibles Wesen, das unglaublich störanfällig ist. Streit, eheliche und familiäre Krisen, Uneinigkeit und Lieblosigkeit sind Faktoren, die sofort das Klima der Familie und das Gemüt des Kindes beeinflussen. Ein wohltuendes Zusammengehörigkeitsgefühl in der Familie baut auf, stärkt die Lebensfreude und motiviert die Leistungsfähigkeit. Ein krisengeschütteltes Miteinander demotiviert, untergräbt die Lebensfreude, lähmt die Aktivität und vermindert die Lernbereitschaft.

> **Lerneifer und Lernbereitschaft sind auch von emotionalen Einflüssen abhängig.**

Störungen bei Scheidungskindern

Die Scheidung bezahlen die Kinder. Das ist eine bittere Erfahrung. Aus dem „siebten Himmel" fällt jede dritte Ehe und landet sozusagen in der „Hölle". Vielleicht werden in unserer Gesellschaft Scheidungen verharmlost. Die Hauptleidtragenden sind die Kinder. Oft ein Leben lang müssen sie büßen, weil eine Familie zerbrochen ist. Schon vor Trennung und Scheidung sind die Kinder in das eheliche Drama hineingezogen worden. Vielleicht erleben die Eltern den Schlussstrich unter ihre Beziehung als Befreiung, die Kinder stehen in der Regel zwischen den

Fronten. Sie haben Keifen und Kämpfen, Vorwürfe und Vorurteile, Anklagen und Angriffe mitbekommen. Kinder hassen den Krieg zwischen den Eltern. Sie wollen Frieden und Harmonie. Mehr als 30 % aller Kinder wachsen heute nicht mehr mit ihren leiblichen Eltern auf. Viermal so viele Kinder aus Scheidungsfamilien wie Kinder aus sogenannten vollständigen Familien nehmen psychologische oder psychiatrische Hilfen in Anspruch. Scheidungskinder zeigen mehr Verhaltensauffälligkeiten, Stimmungsschwankungen, Unsicherheit gegenüber Mitmenschen, Mangel an Selbstvertrauen und Lern- und Leistungsstörungen.

Es leuchtet jedem ein, die innere Ruhe und Ausgeglichenheit fehlen. Die nötige Konzentration ist abhanden gekommen. Die Kinder quälen sich mit Liebesverlust und Einsamkeit herum. Die Schule ist Nebensache. Herz und Hirn sind mit anderen Problemen und Kümmernissen ausgefüllt. Die Schulleistungen verringern sich.

Lernstörungen und Verhaltensauffälligkeiten

Die Tübinger Kinder- und Jugendpsychiatrie hat innerhalb von 14 Jahren in einer Langzeitstudie die Störungen und Auffälligkeiten von Kindern aus geschiedenen Ehen mit Kindern nicht geschiedener Ehen verglichen. Das Ergebnis ist signifikant.

Symptome	Häufigkeit bei Scheidungs- kindern	Häufigkeit bei Kindern aus nicht geschiedenen Ehen
Aggressionen	13,0 %	3,7 %
Depressionen	2,6 %	1,2 %
Diebstahl	11,5 %	1,2 %
Enuresis (Bettnässen)	15,6 %	8,6 %
Suizidversuch	2,6 %	——
Weglaufen	2,1 %	——

❑ Die Gruppe der Jungen mit gestörtem Aggressionshaushalt ist fünfmal so groß wie die der Mädchen. Die Energien, die für die Schule benötigt werden, verlagern sich in andere Kanäle.

❑ Bei Diebstahl sind die Jungen dreimal häufiger vertreten als Mädchen.

❑ Selbstmorde kommen bei Jungen aus geschiedenen Ehen viermal so häufig vor wie bei Mädchen.

❑ Langzeituntersuchungen machen deutlich, dass Jungen in der Regel höheren seelischen Belastungen ausgesetzt sind als Mädchen.

❑ Die Untersuchungen belegen, dass Kinder im allgemeinen den Zerfall der Elternbeziehung viel eher erfassen, als Eltern dies selbst wahrnehmen. Die Kinder erleben eine Bedrohung ihrer Geborgenheit. Diese Bedrohung verringert die Leistungsfähigkeit. [27]

Lernstörungen – die zerrüttete Familie

Ende 1997 brachte der „Spiegel" eine erschütternde Statistik über die Folgen einer „vaterlosen Gesellschaft".

Jede vierte Familie in Deutschland lebt ohne Vater. Es gibt inzwischen 1,7 Millionen Trennungs- und Scheidungskinder in Deutschland. Jedes Jahr kommen etwa 150.000 dazu. Ein Drittel aller Kinder sind zum Zeitpunkt der Trennung oder Scheidung jünger als drei Jahre.

Eine jüngst in Amerika veröffentlichte Untersuchung macht deutlich, dass nur noch

❑ 51 % der Kinder mit beiden Eltern zusammenleben. Aus vaterlosen Familien stammen:

❑ 63 % der jugendlichen Selbstmörder,

❑ 71 % der schwangeren Teenager,

❑ 90 % aller Ausreißer und obdachlosen Kinder,

❑ 70 % der Jugendlichen in staatlichen Einrichtungen,

- ❑ 85 % aller jugendlichen Häftlinge,
- ❑ 71 % aller Schulabbrecher,
- ❑ 75 % aller Heranwachsenden in Drogenentzugszentren.

Wer diese Zahlen analysiert, spürt die Tragik zerrütteter Familien. Die Kinder sind in der Tat die Leidtragenden. Einsamkeit, Liebesverlust und mangelndes Geborgenheitsgefühl machen sie aggressiv, kriminell oder geneigt, sich dissozialen Verhaltensmustern zuzuwenden.

Die Zahl der Schulabbrecher, die aus sogenannten „broken homes" kommen, ist auch enorm hoch. Die seelischen Belastungen und mangelhaften Schulleistungen stehen in engem Zusammenhang.

Der sonst so liberale „Spiegel" kommentiert:

„Wie kann es auch anders sein: Eine Gesellschaft, in der die Eltern die unmittelbare Bedürfnisbefriedigung als Lebensrecht propagieren und jeden Frust vermeidend aus ihren Beziehungen fliehen, brütet traurige, ichschwache Null-Bock-Treter aus." [28]

Schulleistungsstörungen können *auch* in destruktiven und krisenanfälligen Familienbeziehungen ihren Grund haben.

Harmonisches Familienleben

Was unterscheidet glückliche Familien von unglücklichen? Welche Merkmale fallen ins Gewicht?

Es gibt viele Untersuchungen über disharmonische und unglückliche Familien. Welche Umstände, Lebenseinstellungen und Verhaltensmuster sind es aber, die eine glückliche Familie konstellieren?

Eine amerikanische Psychologin von der Arizona-University kam in ihrer gründlichen Untersuchung zu folgendem Ergebnis:

Merkmal 1: Glückliche Familien sind überwiegend vollständig

❏ Beide Eltern sind präsent. Beide Eltern kümmern sich um die Erziehung.

❏ Die Ehen sind heil. Die Eltern stehen in der Erziehung nicht gegeneinander. Sie spielen sich nicht aus. Und den Kindern gelingt es nicht, die Eltern gegeneinander auszuspielen.

Merkmal 2: Die glückliche Familie hat mindestens zwei Kinder

❏ Einzelkinder werden häufig sehr verwöhnt.

❏ Geschwisterkinder lernen teilen, miteinander spielen, sie lernen verzichten, sie lernen, Kompromisse zu schließen.

Merkmal 3: In glücklichen Familien ist die Mutter zu Hause

❏ Die Studien zeigen, dass Mütter in 70 % der Fälle zu Hause blieben, so lange die Kinder klein waren.

❏ Eine Reihe arbeitete trotzdem, in den meisten Fällen Heimarbeit.

Merkmal 4: In glücklichen Familien waren selbst Väter vielfach zu Hause

❏ Viele Väter wichen von der statistischen Norm ab und arbeiten zu Hause.

❏ Ihre Berufe: Möbeltischler, Hausmann, selbständige Tätigkeiten, Musiker, Fotografen usw.

Merkmal 5: In glücklichen Familien herrscht große emotionale Zuneigung

❏ Eltern und Geschwister zeigen diese Zuneigung durch Umarmungen, Zärtlichkeiten und Liebkosungen.
Zuneigung ist keine Fassade, sondern existentiell.

❏ Eltern und Kinder pflegen viele gemeinsame Aktivitäten. Sie planen gemeinsame Fahrten, Spiele und befriedigende Erlebnisse.

Merkmal 6: In glücklichen Familien fühlen sich alle Mitglieder geborgen

❏ Das Geborgenheitsgefühl ist eins der grundlegendsten menschlichen Bedürfnisse.

Lawrence J. Crabb spricht von zwei Hauptbedürfnissen menschlicher Existenz:

Sicherheit und Bedeutung – Geborgenheit und Bestätigung.

❏ Zur Geborgenheit gehört auch eine gemütliche, freundliche Wohnung, die das Wohlgefühl fördert.

❏ Nicht Perfektion in Haushalt und Wohnung wird in erster Linie gewünscht, sondern das bequeme und gemütliche Heim.

Merkmal 7: In glücklichen Familien fühlen sich alle Mitglieder unterstützt

❏ Die Eltern verstanden und verstehen es, die sportlichen, sozialen, musischen und kreativen Aktivitäten der Kinder zu unterstützen.

❏ Das Selbstvertrauen der Kinder wird gestärkt.

Kinder gehen zupackend und zuversichtliche an das Leben heran. [29]

❏ Eine harmonische Familie bleibt auch in Zukunft eine unentbehrliche Grundlage für seelisch gesunde Kinder und Heranwachsende.

❏ Faulheit ist unter anderem auch eine Beziehungsstörung. Wenn das Klima der Familie nicht stimmt, wenn Eifersucht, Rivalität, eheliche und elterliche Zerwürfnisse die Gemeinschaft untergraben, kann ein Kind Faulheit als Waffe benutzen.

Bernd ist elf Jahre alt, ein schlechter Schüler, aber gewandt, schlagfertig und immer zu Witzen, Scherzen und dummen Streichen aufgelegt. Er hat noch eine zwei Jahre jüngere Schwester, die sehr ehrgeizig ist, im Haushalt tüchtig hilft. Ein braves Kind, wie es die Eltern charakterisieren. In der Schule leistet die Schwester Überdurchschnittliches. Sie zeigt es aber nicht und verhält sich sehr bescheiden und ruhig.

Dem Vater imponiert die Tochter am meisten. Er ist ein wortkarger und bescheidener Mann. Er leitet ein angesehenes Unternehmen und hält sich in der Familie und in der Öffentlichkeit sehr zurück. Er hat hart und verbissen gearbeitet. Seinen Reichtum trägt er nicht zur Schau. Unter einem schlichten Trenchcoatmantel verbirgt er einen kostbaren Pelz als Futter. Der Vater unterbindet die Clownerien des Sohnes, indem er ihn an die Luft setzt, vom Essen aussperrt, in sein Zimmer verbannt und ihn missachtet. Für ihn sind die Clownerien und Blödeleien Dolchstöße für sein Prestige.

Die Mutter ist mit den väterlichen Reaktionen auf den Sohn nicht einverstanden. Beide Eltern ärgert allerdings die Gleichgültigkeit des Sohnes, der mit seinen schlechten Leistungen zufrieden ist. Bernd fällt auf, ragt aus der Klassengemeinschaft heraus. Er ist ein Außenseiter und fühlt sich auch nicht ganz zur Gruppe gehörig. Aber er versteht es, sich in den Mittelpunkt zu rücken. Er wird von den anderen nicht so für voll genommen und ist doch die beliebteste Persönlichkeit der Klasse. Bernd beweist Mut, um bei den anderen anzukommen. Er heftet dem Lehrer einen Zettel auf den Rücken, auf dem steht: „Ich bin ein Kamel." Jedesmal wenn der Lehrer sich zur Klasse dreht, grölt die Klasse los. Der Lehrer ist irritiert. Der Klassenclown hat ein Spielchen gewonnen. Er produziert Gags zum Lachen, produziert Witze am laufenden Band, die er sammelt und auswendig lernt. Von Woche zu Woche denkt er sich neue Grimassen und Faxen aus, um seine Kameraden oder Gäste im Hause zum

Lachen zu bringen. Er ist sehr intelligent – und das ärgert die Eltern besonders – und hat nur in einem Fach, nämlich Biologie, eine Eins. Bernd möchte einmal Conférencier werden. Die Showmaster im Fernsehen imponieren ihm. Er berauscht sich an ihrer Schlagfertigkeit. Der Vater sagt in seiner kühlen und prägnanten Art nur ein Wort dazu: „Quatsch!"

Analyse der Situation

1. Clownerien und Blödeleien sind *aktiv-destruktive* Methoden. Fast immer steht das Erregen von Aufmerksamkeit im Hintergrund. Clownerie und Blödelei können aber auch zum Kampf um Überlegenheit benutzt werden. Bernd will der Erste sein, er will den Ton angeben – nur nicht mit den Methoden der Schwester, die sich mit dem Vater identifiziert, und den Methoden seines Vaters.

2. Clownerien und Blödeleien, um Aufmerksamkeit zu erreichen, verraten, dass ein Kind *unglücklich* ist. Es glaubt, ohne Aufmerksamkeit keinen Platz in der Familie, in der Klasse und in der Gruppe zu finden. Das Kind *kämpft*, wenn auch mit falschen Waffen.

3. Um gegen die bescheidene und tüchtige Schwester anzukommen, muss Bernd besondere Methoden und Verhaltensweisen entwickeln. Bernd möchte auch beliebt sein. Aber Bescheidenheit und Strebsamkeit sind nicht seine Verhaltensmuster. Mit diesen Eigenschaften hat die Schwester Erfolg. Mit anderen Worten: Diese Verhaltensmuster sind vergeben.

Auffallend *ehrgeizige* Kinder neigen dazu, wenn sie in der Schule erfolglos sind, mit außergewöhnlichen Mitteln und merkwürdigen Methoden Aufmerksamkeit zu erregen und sich in den Vordergrund zu spielen. Wo konstruktive Methoden versagen, versuchen sie es mit aktiv-destruktiven.

4. Bernd verschafft sich einen *Ausgleich* für seine mangelhaften schulischen Leistungen. Er setzt sein Mundwerk ein. Mit dem Mundwerk übertrifft er seine Schwester, die Mutter lacht schallend, wenn er seine Witze reißt und Späße produziert. Sie hat einen kühlen Ehepartner, der nicht nur in der Kleidung untertreibt, sondern auch kein Wort zu viel über die Lippen bringt. Was der Vater zu wenig spricht, spricht der Junge zuviel. Augenscheinlich fühlt sich der Sohn ermutigt und setzt sein destruktives Spielchen fort.

5. Der Sohn trifft den Vater an der empfindlichsten Stelle. Er liebt das Sachliche, die Leistung, die Tat. Der Sohn provoziert mit Unsachlichkeit, mit Faulheit und mit dummem Gerede. Die Selbstbewunderung seiner Sachlichkeit torpediert der Sohn.

6. Ein starker *Konkurrenzkampf* kennzeichnet die Geschwistersituation. Jeder versucht, den anderen herunterzusetzen, um sich selbst zu erhöhen. Heftiger Wettstreit aber hindert die Entwicklung jedes einzelnen Kindes. Kein Kind will der Unterlegene sein. Jedes strebt nach Überlegenheit auf irgendeinem Gebiet. Starke Konkurrenten in der Familie haben daher *gegenteilige Charaktereigenschaften*, Fähigkeiten, Interessen und Temperamente.

7. Wie stark die *Entmutigung* des Jungen ist, zeigt seine überdurchschnittliche Leistung auf einem Gebiet, dem Fach Biologie. Viele Eltern und Erzieher übersehen, dass Vorliebe für bestimmte Fächer oft nur eine Folge von Entmutigung in anderen Fächern ist. Auf der anderen Seite bestätigt die herausragende Leistung in dem Fach Biologie aber auch, das er mit besonderem Interesse pflegt, seinen großen Ehrgeiz.

8. Die *Gleichgültigkeit* des Sohnes ist mit ziemlicher Sicherheit gespielt. Der Ärger der Eltern verrät, dass er hier einen Trumpf ausspielen kann. Kinder, die in der Schule versagen, aber über

eine gute Intelligenz verfügen und sich auf anderen Gebieten hervortun, sich wichtig fühlen und Status erlangen wollen, sind nur *scheinbar* mit ihren schlechten Leistungen zufrieden. Hinter ihrer Gleichgültigkeit verbirgt sich ihre tiefe Mutlosigkeit, weil sie zu stolz sind, sie zu zeigen.

9. Bernd fühlt sich auch in der Gruppe der Klassenkameraden nicht akzeptiert, nicht zugehörig. Er muss etwas Besonderes leisten, um anerkannt zu werden. Bernd verlegt den Konkurrenzkampf mit seiner Schwester auch in die Schule. Die Leistungsfähigkeit und der Wille zur Zusammenarbeit werden erheblich gestört, wenn die Gruppenzugehörigkeit in Frage gestellt ist.

Was können die Eltern tun?
1. Vater und Mutter müssen dem Jungen zeigen, dass sie ihn gern haben, dass sie ihn lieben. Besonders der Vater hat durch sein abweisendes Verhalten das Selbstwertgefühl des Jungen erheblich vermindert. Seine Antwort: „Er sieht doch, was er machen muss, um meine Zuneigung zu bekommen", ist der falsche Weg. Damit treibt er seinen Sohn stärker in die Entmutigung und damit in eine Außenseiterposition, und zwar in der Schule und zu Hause. Warum hasst der Vater das Geschwätz des Sohnes, seine dummen – oft auch witzigen und humorigen Bemerkungen? Will er den Sohn zum Abbild seiner selbst machen?

Die Psychologin Christa Meves hebt einen Aspekt, der für die Entwicklung der Clownerie bezeichnend ist, hervor, wenn sie schreibt: „Der Mangel an Anerkennung führt häufig dazu, dass das Kind an seinen eigenen Wert nicht glaubt, so dass es den Wegweiser für seine Handlungen nicht aus sich selbst, sondern durch Nachahmung der Haltung anderer beziehen muss … Deshalb ist das Thema: Wie verschaffe ich mir Anerkennung?, ohne dass es ihnen selber bewußt wäre, so drängend in

> Der Mangel an Anerkennung führt häufig dazu, dass das Kind an seinen eigenen Wert nicht glaubt.

diesen Menschen. Mit Geltungssucht, Clownerie und Großmannssucht versuchen sie ihr Ziel noch zu erreichen, bei gleichzeitiger, kaum überwindbarer Angst, dass sie sich an einen Menschen ausliefern könnten. Diese Entwicklungslinie nimmt bei den Kindern, die in dieser Weise geschädigt sind, einen zwingenden Charakter an, so dass es ihnen nicht gelingt, ihr Handeln nach eigenem Plan und zielbewusster Initiative einzurichten, und die Möglichkeit, durch konzentrierte Arbeit Anerkennung zu erreichen, auch nur ins Auge fassen können."[30]

2. Der Vater muss dem Jungen zugestehen, auf seine Weise und mit seinen Gaben Erfolg zu haben. Solange er seinen Karriereweg in den Jungen hinein projiziert, kann er nicht helfen. Der Gegenzwang ist das Ergebnis eines unbewußten Machtkampfes. Wenn es dem Vater gelingt, die Überzeugung aufzugeben, dass nur ein vom Verstand regierter, sachlicher, kühler und distanzierter Mensch wertvoll ist, kann er auch seinen Sohn akzeptieren und gleichzeitig die Enttäuschungen seiner Frau über ihn herunterschrauben. Der Vater muss erkennen, dass in der Überbewertung seiner eigenen Charaktereigenschaften unbewusst eine Abwertung der Charaktereigenschaften seiner übrigen Familienangehörigen enthalten ist.

3. Den Vater ärgert besonders der Berufswunsch des Sohnes, er möchte Conférencier werden. Je mehr der Vater dagegen ankämpft, desto mehr wird der Sohn von der Richtigkeit seiner Entscheidung überzeugt sein.

4. Die Mutter wird ihre Frustration gegenüber dem Ehepartner überprüfen müssen. Denn mit der Erziehungsproblematik ist eng ein Ehekonflikt verknüpft. Was der Vater am Sohn kritisiert, kritisiert er gleichzeitig an seiner Frau. Verstärkt er den Kampf gegen den Sohn, erhöht er gleichzeitig die Spannung in seiner Ehe. Die Mutter hat Aggressionen gegen den wortkargen, stillen und nüchternen Mann. Sie liebt das Ausgelassene, Fröhliche und

Spritzige. In ihrem Sohn findet sie ein Stück davon wieder. Es ist kein Zweifel, dass sich der Sohn durch die Mutter in seinem Verhalten unbewusst bestätigt fühlt. Das Gefährliche an der Konstellation ist, dass sich eine unausgesprochene Verschwörung der Mutter mit dem Sohn gegen den Vater gebildet hat. Wenn Vater und Mutter die zum Teil positiven und von der Gesellschaft bejahten Charakterzüge akzeptieren, wird der Junge sein übertriebenes Geltungsbedürfnis abbauen können.

5. Will der Vater wirklich helfen oder sein angegriffenes Prestige retten? Die Grundlage der Ermutigung ist das *ehrliche Verlangen*, helfen zu wollen, ist die dahinterstehende Aufrichtigkeit. Beherrschte Kälte und zornige Temperamentsausbrüche sind *nicht* das Verwerfliche, sondern der dahinterstehende Zweck. Reagiert der Vater beleidigt und verletzt, will er nicht helfen. Er will strafen und Revanche üben. Hier liegt eine der Hauptwurzeln des Machtkampfes zwischen Vater und Sohn.

6. Beide Eltern sollten Bernd zeigen, dass sie *Vertrauen* zu ihm haben. Ihr Unglaube an seine Fähigkeiten bewirkt, dass Bernd kein Selbstvertrauen entwickelt. Vater und Mutter müssen mit ihrer ganzen Person dahinterstehen, wenn sie dem Kind sagen: „Wir wissen, dass du es schaffst!" Die *Wertschätzung* des Jungen durch Eltern und Erzieher ist ein wesentliches Erziehungsmoment. Über die Wertschätzung schreibt Prof. Tausch in einem seiner Bücher: „Erfahrene Wertschätzung vermindert die Verteidigungs- und Oppositionshaltung von Menschen sowie ihre Bemühungen um besondere Geltung und Zuwendung. Sie fördert in gewissem Ausmaß die Selbstachtung und das Selbstvertrauen einer Person. Damit sind Möglichkeiten für ein geringeres Ausmaß innerer Spannungen, vermehrtes Ausmaß der Akzeptanz der eigenen

> Erfahrene Wertschätzung fördert in gewissem Ausmaß die Selbstachtung und das Selbstvertrauen einer Person.

Person, für eine verzerrungsfreie Wahrnehmung sowie für vermehrte Akzeptanz anderer Personen gegeben … Erfahren Kinder oder Jugendliche Wertschätzung, so werden sie sich eher bemühen, sich so zu verhalten, wie es der vom Erwachsenen zum Ausdruck gebrachten Wertschätzung ihrer Person entspricht."[31]

7. Bernds Gruppenzugehörigkeit ist speziell eine Frage an die Lehrer. Solange Bernds negatives Verhalten bestraft wird, behält er destruktive Methoden bei. Lehrer, die die geheimen Ziele des Jungen erkannt haben, werden die Chance ausnutzen, bestimmte Gaben des Jungen zu fördern. In dem Augenblick, wo er mit Sonderaufgaben betraut wird, die sein Prestige stärken, fühlt er sich akzeptiert, wird er von seinen Klassenkameraden anerkannt und kann auf seine schlechten Verhaltensweisen verzichten.

8. Es hilft nicht, dem Clown das Verhalten zu verbieten oder ein besseres Verhalten anzuraten. Sein Mut muss so gesteigert werden, dass er sich ohne Maske zeigen kann, wie er ist, um besser in die Gemeinschaft integriert zu werden. Solange er seine Tricks und Späße benutzt, um sich beliebt zu machen, um anzukommen, um zu gelten, findet er zwar augenblickliche Beachtung, aber keine bleibende Gemeinschaft.

9

Faulheit, Gewissenhaftigkeit und Ehrgeiz

Wer besonders gewissenhaft ist, kann doch nicht faul und vertrödelt sein – sollte man meinen. Die Faulheit ist aber eine Arbeitsstörung und kann mit zwanghaftem Perfektionismus Hand in Hand gehen.

Wie hängt Faulheit und Perfektionismus zusammen?

Werner ist jüngstes Kind und einziger Sohn unter drei Mädchen. Er geht seit zwei Jahren zum Gymnasium und bringt im Zwischenzeugnis drei Fünfen mit nach Hause. Die Mädchen sind lebhaft, nach außen gekehrt, großzügig und bei allen Spielkameraden beliebt. Die Eltern gehören zu einer Freikirche und legen großen Wert auf Ordnung, innere Sauberkeit, Gewissenhaftigkeit und Ehrlichkeit. Die Mutter ist über jeden Fehler entsetzt, über jede Unvollkommenheit traurig. Ihr Bestreben ist, immer vollkommener, sündenloser und tadelloser zu werden. Die Töchter sind alle drei moralisch salopp, nicht besonders ordnungsliebend, aber bringen aus der Schule gute Noten mit nach Hause. Die Eltern sind zwar mit den schulischen Leistungen der Mädchen zufrieden, geben aber

> Die Faulheit ist aber eine Arbeitsstörung und kann mit zwanghaftem Perfektionismus Hand in Hand gehen.

deutlich zu erkennen, dass ihnen die lasche, innerliche Ausrichtung Kummer bereitet.

Werner gleicht diesen Kummer aus. Er ist nicht nur gewissenhaft, er leistet auf diesem Gebiet Überdurchschnittliches. Aber er zweifelt, ob er je ein guter Mensch sein wird. Allen Entscheidungen weicht er aus, er will keinen Fehler machen. Wenn er Gedichte aufsagen soll, bekommt er plötzlich keinen

Ton heraus. Im Mündlichen ist er nach Meinung der Lehrer noch schlechter als im Schriftlichen. Schon bevor er zur Schule musste, prangerte er jede Unrechtmäßigkeit seiner drei Schwestern an. Er passte auf wie ein Schießhund, wenn sie was angestellt hatten oder es mit der Wahrheit nicht genau nahmen. Er konnte sich laut und deutlich entsetzen und nahm sein eigenes Verhalten scharf unter die Lupe. Er sagte etwa: „Ich wollte euch eben anlügen, ich schäme mich so!" Oder: „Mutter, ich habe das ganze Taschengeld für die armen Kinder in Indien gegeben!" (Bei der Sammlung in der Sonntagsschule.) Oder: „Edith (seine Schwester) hat im Geschäft zu einem Mädchen ‚du Sau' gesagt, ich habe den ganzen Weg geweint."

Als einziger Sohn verschafft er sich mit dieser übertriebenen Gewissenhaftigkeit eine Sonderstellung bei den Eltern. Sie waren stolz und glücklich und sagten das auch unmissverständlich ihrem Sohn. Der Vater ließ durchblicken, dass der Sohn bestimmt mal Pastor würde. Als Werner zur Schule kam, konnte er mit dieser dramatisierten Gewissenhaftigkeit nirgendwo landen. Die Lehrer hatten wenig Verständnis dafür, kritisierten seine Übergenauigkeit und schnitten ihm das Wort ab, wenn er „petzte", was er liebend gern tat.

Übersteigerte Gewissenhaftigkeit und ihre Folgen

Langsam, aber sicher wird die übersteigerte Gewissenhaftigkeit zur Flucht vor den Schulaufgaben benutzt:

❏ Werner ordnet stundenlang seine Bücher und Hefte, kauft Umschlagpapier verpackt alles sorgfältig und sauber.

❏ Sein Kinderzimmer ist ein Musterzimmer. Seine Eltern haben es den Mädchen immer wieder zur Nachahmung empfohlen.

❏ Er schreibt gern und wird auch dafür gelobt. Sogar in der Schule. Aber er braucht viel Zeit, die kleinsten Fehler läßt er nicht gelten. Er reißt die Seiten heraus und schreibt neu. Bei schriftlichen Arbeiten in der Schule will er durch Sauberkeit und Gewissenhaftigkeit imponieren. Er verliert die Übersicht und schreibt die Arbeit daneben.

❑ Er hat einen Fleck in der Hose. Mit Eifer geht er daran, die Stelle zu beseitigen. Mit Spucke, mit Kaffee, mit Wasser, mit Alkohol. Alles probiert er aus. Eine lobenswerte Tat? Von 13 bis 16 Uhr hat er damit wertvolle Zeit *vertrödelt*. Die Schulaufgaben blieben liegen. Er hat eine plausible Entschuldigung: „Ich *musste* die Hose säubern. Mit dem Flecken kann ich nicht rumlaufen. Wenn ich auf den Flecken schaue, kann ich mich nicht konzentrieren. Flecken machen mich wahnsinnig!"
Eine Nachbarin sagt: „Ein beneidenswert sauberer Junge. Wenn ich dagegen unsere Kinder anschaue ..." Die Mutter nickt glücklich. Werner steht daneben und genießt das Lob.

❑ Er hat seinen Vierfarbenstift verloren. Das passiert ihm bei seiner Ordnungsliebe. Er stellt die Wohnung auf den Kopf. Ein Tag vertan. Er sitzt am Abendbrottisch und hat keine Zeile für die Schule geschrieben.

❑ Seine Übergenauigkeit und die damit verbundene Langsamkeit bewahren ihn vor Aufgaben und Pflichten im Rahmen der Familie. Die Mutter macht lieber alles selbst, weil sie weiß, wie lange Werner daran sitzt.

❑ Werner erlebt, dass jedes Abweichen von der Norm Liebesverlust der Mutter nach sich zieht. Von früh an hat er ein hohes Maß an Selbstkontrolle eingeübt. Er passt auf sich auf, er beobachtet sich und verliert seine natürliche Unbefangenheit, redet altklug und schränkt seine Impulsivität und Spontaneität erheblich ein.

❑ Der Zweifel spielt in seinem Leben eine entscheidende Rolle. „Darf ich das tun, darf ich es nicht tun?" „Soll ich, oder soll ich nicht?" Dieser Zweifel macht den zwanghaften Werner zögernd, zaudernd, unentschlossen und unspontan. Schon als Kleinkind hat Werner den Ur-Zweifel erlebt: Darf ich ich selbst sein, oder muss ich gehorchen und auf meine eigenen Impulse verzichten?

❑ Pedantische Ordnungsliebe und Prinzipienreiterei lassen Werner intolerant und übergesetzlich erscheinen. Er hasst die Unordnung, die Gesetzesübertretung, die Regellosigkeit und Laxheit. Er zeigt fanatische und unduldsame Züge. Er klammert sich an Gesetze und Spitzfindigkeiten und versäumt das Leben. Er wird ein Sklave seiner eisernen Prinzipien.

❑ Werner hat den Eindruck, er darf sich nicht frei äußern, um keinen Fehler zu machen. Er möchte nicht verurteilt werden, etwas unvollkommen dargeboten zu haben. Werner gerät in einen Teufelskreis: Weil er vor einer bestimmten Tätigkeit Angst hat, wagt er sich nicht an sie heran. Weil er sich nicht heranwagt, wird er immer weniger fähig, sie auszuführen. Angst und Unruhe werden größer, der Misserfolg sicherer.

Vollkommenheitsstreben und Perfektionismus

Das Ziel der *Vollkommenheit* strebt jeder Mensch an, ob er will oder nicht. Perfektion und Perfektionismus sind aber vom Streben nach Vollkommenheit genau zu unterscheiden. Perfektion meint Vollendung. Und Perfektionismus ist die Sucht, alles um jeden Preis mit einem Grad der Vollkommenheit anzustreben, der Irrtümer und Fehler ausschließt, sowohl bei Menschen als auch bei Maschinen, bei Aufgaben und Vorhaben. Perfektion meint, auf Menschen angewandt, den Zustand des höchsten erreichbaren Punktes einer guten Ausbildung oder einer Fertigkeit. Perfektion meint Hundertprozentigkeit. Der Perfektionist strebt das Absolute an, aber das Absolute ist nur Gott zugehörig. Ein Zimmer völlig „staubfrei" zu halten, ist eine wahnsinnige Sisyphusarbeit. Der Perfektionist will fehler-

> Das Ziel der Vollkommenheit strebt jeder Mensch an, ob er will oder nicht.

los sein. Damit greift er nach einer Eigenschaft, die nur Gott sich vorbehalten hat.

Der amerikanische Präsident Ford sagte anläßlich seiner Antrittsrede: „Ich habe Ihnen einmal gesagt, dass ich kein Heiliger bin, und ich hoffe, dass ich niemals den Tag erleben muss, an dem ich nicht zugeben kann, einen Fehler gemacht zu haben."[32]

Wenn sich der ehemalige amerikanische Präsident „den Mut zur Unvollkommenheit" eingesteht, warum nicht auch alle Eltern und Erzieher?

Um jedes Missverständnis zu vermeiden: Ordnungsliebe, Korrektheit, selbst eine milde Pedanterie, die Identifizierung mit einer gestellten Aufgabe, verbunden mit Ausdauer, Flexibilität, Durchsetzungsvermögen, Überblick und Offenheit für neue Problemlösungen sind erforderliche Eigenschaften eines stabilen Charakters. Gerade aber über diese Eigenschaften verfügt der Perfektionist nicht, weil seine Motivation von einem zwanghaften Ehrgeiz bestimmt wird. Schematische Ordnungsprinzipien, zeitraubende und ängstliche Überkorrektheit, die Identifizierung mit dem angestrebten persönlichen Erfolg liegt seinem Streben zugrunde. Von daher ist er empfindlich gegen Kritik und übermäßig kränkbar. Seine Angst vor Misserfolg läßt ihn immer perfekter werden. Vollkommenheit ist ein unerreichtes, aber richtungsweisendes Ziel. Wer hundertprozentig vollkommen sein will, ist zu keiner Entscheidung mehr fähig. Er muss ja hundertprozentig alles abwägen, er muss jeden Fehler vermeiden, jeden Irrtum vorausberechnen, jeden Misserfolg abwehren. Was soll er tun, was kann er tun? Er kann nur noch seine Hände in den Schoß legen und faulenzen. Denn wer schläft, der sündigt nicht, wer faul ist, macht keine Fehler.

> Wer hundertprozentig vollkommen sein will, ist zu keiner Entscheidung mehr fähig.

❑ Nicht ständig antreiben, ermahnen und drohen. Moralische Appelle, schneller zu arbeiten, sich mehr anzustrengen, und vor allem Drohungen vergrößern die Feindseligkeit des Kindes gegen die Eltern und verstärken die sinnlosen Tätigkeiten.

❑ Nicht mehr die übertriebene Gewissenhaftigkeit vor den Geschwistern, vor den Bekannten und Verwandten hervorheben. Schon gar nicht in Gegenwart des Kindes. Der Junge muss sich ja bestätigt fühlen, wenn sein Verhalten als gute christliche Lebenshaltung gelobt wird.

❑ Nicht mehr den stark übertriebenen Gewissensregungen besondere Beachtung schenken, da die moralische Überlegenheit des Jungen über andere verstärkt wird. Die Folge kann ein penetranter Pharisäismus sein, der abstößt.

❑ Nicht mehr Übergenauigkeit und Langsamkeit als *anlagebedingte* Schwäche entschuldigen. Werner darf nicht von Aufgaben und Pflichten entbunden werden, sondern übernimmt notwendige Dienste – ohne Antreiben, ohne Geschimpfe und ohne Kritik –, bis er fertig ist. Er muss ohne Vorwürfe spüren, dass seine Verhaltenstechniken als *Waffe* unbrauchbar sind, und allmählich konstruktive Alternativen aussuchen, die von den Eltern entsprechend bestätigt werden.

❑ Nicht mehr die Gaben und moralischen Qualitäten gegenüber anderen ausspielen. Werner muss die Befriedigung seines Beitrages spüren. Solange es ihm darauf ankommt, seinen Geschwistern moralisch überlegen zu sein, wird er schulisch scheitern. Solange Werner mit seinen Geschwistern in einem *Konkurrenzkampf* lebt, wird er seine zwanghafte Gewissenhaftigkeit und die damit verbundene Arbeitsstörung verstärken. Er glaubt, Eltern und Geschwistern imponieren zu müssen, um einen Platz in der Familie zu finden.

❑ Nicht auf Fehler aufmerksam machen und Fehler betonen. Wenn wir den Fehlern Aufmerksamkeit schenken, entmutigen wir unsere Kinder. Die Betonung des Negativen untergräbt die Widerstandskraft, positive Leistungen zu erzielen. Wer eintrainiert ist, sich vor Fehlern zu fürchten, kommt über kurz oder lang dazu, gar nichts mehr zu tun.

❏ Nicht mehr die Langsamkeit und zwanghafte Ordentlichkeit im schulischen Bereich *kritisieren*, sondern jeden positiven Ansatz, schneller zu schreiben und sachgerechter zu arbeiten, verstärken und ermutigen.

❏ Nicht mehr zu dem Kind sagen: „Du brauchst nicht vollkommen zu sein." Solche Sätze werden nur die Überzeugung des Kindes bestärken, dass es vollkommen sein *muss*. Die Eltern müssen ihr Verhalten und ihren Lebensstil überprüfen. Was sie *sagen* und was sie *tun*, steht im Widerspruch. Die Eltern müssen es dem Kind *vorleben*, dass sie unvollkommen sind, Fehler machen und Fehler eingestehen.

Werner hat sich mit seinem Verhalten in eine Sonderrolle hineinmanövriert. Die Sonderrolle hat ihn aber auch zum Außenseiter gestempelt. Sein auffälliges Benehmen wirkt auf Gleichaltrige abstoßend und gemeinschaftsfeindlich. Werner wird als überheblich und arrogant empfunden. Er selbst *flieht* in sinnlose, unsachliche Geschäftigkeit, vertrödelt seine Zeit, drückt sich unbewusst vor wichtigen Lebensaufgaben und verliert den Anschluss an die Gemeinschaft.

Faulheit und Ehrgeiz der Eltern

Der Pädagogikprofessor Helmut Zöpfl erzählt in einer Zeitschrift die nachdenkliche Geschichte von drei Müttern, die auf einer Bank des Spielplatzes ihre Zöglinge mit Wohlgefallen beurteilen. Zöpfl wörtlich:

„Als sich eine alte Frau zu ihnen gesellt, beginnt nach einer Weile eine der Mütter: ‚Schauen Sie sich nur mein Kind an, es hat eine Menge Steine gesammelt und zählt bereits. Hören Sie nur hin – es kann bereits bis hundert zählen.‘ ‚Ja und?‘ meint darauf die zweite Mutter, ‚da sehen Sie selbst: Viereinhalb Jahre ist der unsrige, und wissen Sie, was er da in der Hand hält? Ein Buch. Ob Sie's glauben oder nicht – der Kleine liest bereits perfekt.' ‚Und was meinen Sie', meldet sich jetzt die dritte Mutter, ‚was unser Kleiner da gerade macht? Er kritzelt nicht etwa auf dem Block herum. Er schreibt einen kleinen Aufsatz zum Thema: Ein schöner Nachmittag auf dem Spielplatz.' ‚Nun', fragen dann die drei Mütter die alte Frau, ‚welches ist jetzt Ihrer Meinung nach das gescheiteste Kind?'

‚Kind', antwortete die alte Frau traurig, ‚wo ist da ein Kind? Ich habe keines gesehen!'" [33]

Was will der Pädagoge Helmut Zöpfl damit ausdrücken?

Ich trage einige Gesichtspunkte zusammen:

Gesichtspunkt 1: Wo ist die Kindheit geblieben?

Die alte Dame hat es auf den Punkt gebracht: „Ich habe kein Kind gesehen." Auf dem Spielplatz laufen mindestens drei kleine „Erwachsene" herum, die von den Eltern systematisch gefördert werden. Der Pädagoge kommentiert diese Einstellung so: „Immer wieder klagen Kindergärtnerinnen über Eltern, die den Kindergarten zu einem Lehrlabor umgestalten wollen, in dem bereits Lesen, Schreiben und Rechnen geübt wird. Mit Skepsis überwachen sie jede Minute ihres Kindes, in der es ‚nur singt oder spielt', und fürchten, dabei könne es etwas versäumen." [34]

Der Lernrhythmus eines heranwachsenden Kindes wird gestört. Die Kindheitsphase wird übersprungen. Einseitig werden Logik, Sprache und Denken gefördert. Körper und Seele, Spiel und Spaß, Entspannung und kindliche Freude werden vernachlässigt. Das Kind kommt nicht zu seinem Recht.

Und die Folgen?

Die Eltern erziehen einen Arbeitsroboter, der nur Arbeit, Lernen und Leistung kennt. Freizeit und Genuss sind und bleiben Fremdwörter. Oder das Kind blockiert eines Tages, verteufelt Leistung und Karriere, und läßt sich treiben.

Gesichtspunkt 2: Das Vergleichen entmutigt

Der erste Mord der Weltgeschichte, nach der Vertreibung aus dem Paradies, ist ein Eifersuchts-Vergleichs-Mord (1. Mose 4).

„Sich vergleichen gibt Ärger!" sagt ein deutsches Sprichwort.

Kain vergleicht seinen Opferrauch mit Abels Opferrauch.

Eva vergleicht Kain mit Abel.

Was ist notwendiger Ackerbau oder Viehzucht? Der eifersüchtige Vergleich hat tödliche Folgen.

Wir leben in einer Wettbewerbsgesellschaft, müssen unsere Kinder aber nicht schon in den ersten Lebensjahren mit Vergleichen entmutigen. Der Vergleich fördert die Besten, der Rest bleibt resigniert auf der Strecke. Viele geben auf, weil sie mit den Starken und Besten nicht mithalten können. Wer immer besser sein muss, setzt sich unter enormen Stress.

> Wir leben in einer Wettbewerbsgesellschaft, müssen unsere Kinder aber nicht schon in den ersten Lebensjahren mit Vergleichen entmutigen.

Der ehemalige Theologieprofessor Helmut Thielicke hat schon bei Eva nach dem Fall die bedenkliche Lebenseinstellung der Urmutter heraus gearbeitet, wenn er schreibt:

„Kain nämlich heißt: ‚Ich habe einen Mann erworben.' Damit deutet Eva als stolze Mutter an, dass dieser Sohn die Würde des Erstgeborenen tragen, und dass er für sie der Inbegriff von Macht und Stärke sein soll.

Abel dagegen bedeutet so viel wie ‚Nichtigkeit, Hinfälligkeit'. Der jüngere Bruder soll also von Anfang an im Schatten des Älteren stehen. Er ist für die zweite Geige vorgesehen. Er ist der Repräsentant der grundsätzlich Zu-kurz-Gekommenen. Er ist der notorisch Deklassierte … Hat die Mutter Eva recht getan, dass sie durch Vorziehen und Benachteiligen dieses Schicksal der Ungleichheit den beiden schon in die Wiege legte? Nun, Eva handelt jetzt außerhalb des Paradieses; sie ist die Urmutter der Welt – und da geht es eben so zu."[35]

Ich komme auf die Geschichte Zöpfls zurück. Die Mütter in der kleinen Geschichte übertrumpfen sich gegenseitig.

Wer ist der *Beste*?

Wer ist der *Klügste*?

Wer hat es *am weitesten* gebracht?

Die Kinder werden es nicht leicht im Leben haben.

Gesichtspunkt 3: Der „entmutigte Ehrgeizige"

In meiner Beratungs- und Seelsorgepraxis habe ich eine merkwürdige Erfahrung gemacht. Die meisten faulen Kinder waren im Kern zutiefst ehrgeizig. Ihr Streben nach Selbsterhöhung und Selbstruhm war in ihnen fest verankert. Nur wenn sie ihre überhöhten Ziele nicht erreichen konnten, ließen sie die Flügel hängen. Sie resignierten. Sie gaben auf. Und sie gaben sich auf.

Der Begriff „entmutigter Ehrgeiziger" stammt von Alfred Adler. Kinder haben das unsinnige Gefühl, nur etwas wert zu sein,

❏ wenn sie *besser* als andere sind,

❏ wenn sie *tüchtiger* als andere sind,

❏ wenn sie anderen *überlegen* sind,

❏ wenn sie anderen und ihren Eltern mit Leistungen *imponieren* können.

In den ersten Grundschulklassen gelingt ihnen das. Auf der höheren Schule wird die Konkurrenz größer. Sie schaffen es nicht mehr. „Durchschnitt" wollen sie nicht sein. Sie verlieren ihr Selbstvertrauen und glauben, keine Chance mehr zu haben. Mutlos fürchten sie die Zukunft.

Gesichtspunkt 4: Können wir unsere Kinder lieben – wie sie sind?

Was hindert uns, die Kinder zu lieben – wie sie sind, sie anzunehmen – wie sie sind? Christus hat uns vorgemacht, was Liebe ist. Wir lieben häufig mit Bedingungen. Wir lieben mit hohen Erwartungen. Wir vergleichen: die Leistungen, das Ansehen und Aussehen, Schnelligkeit, Stärke, Mut, Noten und Intelligenz. Das Kind lernt nicht, sich so anzunehmen wie es ist, seine Gaben und Fähigkeiten zu bejahen. Ein Kind, das sich bejaht, schaut nicht neidisch auf andere, muss sich nicht ständig vergleichen, wird nicht extrem missgünstig und muss nicht mit anderen konkurrieren.

10 Faulheit oder Wenn der Pessimismus Pate steht

Pessimismus ist ein Unkraut, das jeden fruchtbaren Acker verdirbt. Es gehört zu den Giftpflanzen, die schonungslos ausgerupft werden müssen.

Wie reagiert das Kind auf pessimistische Lebenseinstellungen? Das Kind wächst in einer Familie auf, in der Lernerfolge, Leistungen und positive Verhaltensweisen in Frage gestellt sind.

Wie entwickelt sich Pessimismus?

Im Umgang mit Familienangehörigen macht das Kind Beobachtungen und Erfahrungen. Und das Entscheidende: Es zieht seine Schlüsse. Es verarbeitet das Material aus Vererbung und Umwelt und gewinnt eine bestimmte Überzeugung, es *schafft* sich seinen individuellen Lebensstil. Schon das kleine Lebewesen weiß, wie es aus bestimmten Verhaltensweisen der anderen Kapital schlagen und Wasser auf seine Mühlen leiten kann. Dieser Lebensstil, den das Kind *entworfen* und *entwickelt* hat,

> Faulheit und Pessimismus sind oft verzahnt. Der Faule kneift.

charakterisiert seine Persönlichkeit und zeigt, welche Meinung es über die Mitwelt, über das Leben, über die Arbeit und über die Schule hat. Die ganze Lebensfront des Menschen kommt darin zur Sprache.

Pessimistische Eltern haben oft pessimistische Kinder. Sie haben den Glauben an sich verloren. Sie sehen die Welt als ein Jammertal, nehmen das Leben schwer, erkennen überall zuerst die Schattenseiten, die Nachteile, die Wolken, die Sackgassen, die Misserfolge. Solche Menschen gehen furchtsam an die Lebensaufgaben heran. Sie trauen sich nichts zu, gehen Aufgaben und Problemen aus dem Weg, treten auf der Stelle, resignieren und wundern sich, wenn ihre Kinder in die gleichen Fußstapfen treten.

Faulheit und Pessimismus sind oft verzahnt. Der Faule kneift. Er ist von seiner Erfolglosigkeit überzeugt. Seine Fähigkeiten hält er für unzulänglich, seine Ausdauer für minimal und seine Leistungen für mangelhaft. Pessimistische Faule sehen ihr gesamtes Leben durch eine dunkle Brille. Den Misserfolg im Leben sehen sie auf sich zukommen. Gleichzeitig fühlen sie sich unverantwortlich. Denn die anderen sind schuld: die Lehrer, die böse Gesellschaft und die ehrgeizigen Eltern. Sie selbst sind Opfer. Wer sich aber als Kind für die pessimistische Grundeinstellung *entscheidet*, wird oft bis in die Haltung und die Physiognomie geprägt. Der Mangel an Lebensfreude, die Erwartungen von Unglücksfälle, Verspätungen, missglückten Unternehmungen und Zurücksetzungen spiegelt sich in den Gesichtszügen wider. Es fehlen Mut und Entschlossenheit. Selbst die Art zu sprechen verrät die pessimistische Haltung. Das Misstrauen in die eigene Kraft, der Zweifel an allem untergraben die Aktivität. Alfred Adler hat diese Lebensgrundeinstellung treffend charakterisiert:

„Der kategorische Imperativ des Melancholischen lautet demnach: ‚Handle, denke und fühle so, als ob das schreckliche Schicksal, das du an die Wand malst, bereits über dich hereingebrochen oder unabwendbar wäre.‘" [36]

Auf den pessimistischen, faulen Schüler angewendet, heißt das: Handle so, als wärst du schon sitzengeblieben. Handle so, als wärst du schon von der Schule geflogen.

Der Pessimist *weiß*, dass das Urteil nicht aufzuhalten ist.

Familie Schreiber hat fünf Kinder, die wie Orgelpfeifen den Altersabstand charakterisieren. Jedes Jahr ein Kind. Das jüngste ist sieben Jahre alt, die älteste Tochter ist zwölf Jahre alt. Zwei Mädchen und drei Jungen. Alle fünf Kinder sind nach Angaben der Lehrer begabungsschwach, nach Angaben der Eltern *dumm* und *faul*. Aus der Beratung mit dem Vater gebe ich markante Anmerkungen wieder:

„Da ist aber auch keines darunter, das sich für die Schule interessiert."

„Die haben nur Spielen und Dummheiten im Kopf."

„Wir haben den Kindern schon hundertmal gesagt, dass sie bessere Leistungen bringen können."

„Zwei mussten wir zur Schule zwingen."

„Die Älteste ist nicht nur stinkfaul, sie drückt sich auch, wie und wo sie kann."

„Wir schimpfen uns die Lunge aus dem Hals heraus."

„Freude macht uns kein Kind."

Ich frage den Vater:

„Was können Sie Positives von Ihren Kindern sagen?"

Der Vater:

„Ob mir was Positives einfällt? Ich wüsste nichts."

Die Mutter ist eine vollendete Schwarzseherin. Sie glaubt an nichts. Sie zieht alles in Zweifel. Sie kann sogar den Satz sagen: „Ich traue mir selbst an keiner Stelle über den Weg."

Die Mutter glaubt nicht an eine Besserung, hält Erziehungsberatung für Unsinn und ist der festen Überzeugung, dass doch alles schief läuft.

Ein halbes Jahr später verunglückt die Mutter tödlich. Verwandte der Frau sollen geäußert haben, dass sich die Frau mehr oder weniger unbewusst aus dem Leben gestohlen habe. Der Vater heiratet schon nach einem Vierteljahr wieder, und zwar eine sehr mütterliche, hingebungsvolle, optimistische und lebensbejahende Frau. Sie sieht die kinderreiche Familie als

Lebensaufgabe an. Acht Tage nach der kirchlichen Trauung erscheint sie in der Beratung. Sie *will* Beratung für die Erziehung der Kinder. Ihre Einstellung ist bewundernswert.

„Die Kinder sind so bildungsfähig, da steckt vieles drin. Ich bin davon überzeugt. Am Wochenende haben mir alle Kinder Märchen der Gebrüder Grimm vorgelesen. Den ganzen Nachmittag. Ich wollte Schluss machen, aber sie gaben keine Ruhe. Sie sind so dankbar, sie freuen sich über die kleinste Anerkennung. Ich habe sie einzeln umarmt."

Eine Mutter glaubt an ihre Kinder

Mit diesem Satz haben wir den Schlüssel zur Verhaltensänderung der Kinder in der Hand. Wer seinen Kindern etwas zutraut, verstärkt ihren Mut. Wer ihnen nichts zutraut, untergräbt ihren Mut. Wer Zuversicht ausstrahlt, ermutigt und

> **Wer seinen Kindern etwas zutraut, verstärkt ihren Mut.**

fördert die Lernbereitschaft. Was hat den Wandel der Kinder bewirkt?

❑ Die zweite Mutter sieht die Kinder mit anderen Augen. Sie *glaubt* an die Kinder. Sie erwartet etwas von ihnen. Und diese Erwartungen werden nicht enttäuscht.

❑ Die zweite Mutter kann bestätigen und anerkennen. Die Geste der Umarmung war für alle Kinder eine handfeste Ermutigung. Sie versteht es, die Minderwertigkeitsgefühle, die Unzulänglichkeitsgefühle auf diesem oder jenem Gebiet zu überwinden. Sie befreit die Kinder von der tief verwurzelten Überzeugung: „Wir sind ungeliebt, wir leisten doch nichts und aus uns wird nichts."

❑ Pessimismus ist ihr fremd: Sie hätte sonst den Mann mit den fünf Kindern gar nicht geheiratet. Sie fordert von ihren Kindern etwas, weil sie fest davon überzeugt ist, dass sie es leisten werden.

❑ Die zweite Mutter unterläßt die ständige Kritik und eine pausenlose Anfeuerung. Ständige Anfeuerungen werden als Vorwürfe und Kritik empfunden.

Pessimismus als Bremse

Pessimistische Faule sind durch negative Erfahrungen, die sie gemacht haben, auf die sie immer wieder hingewiesen und auf die sie fixiert wurden, zu chronischen Schwarzsehern geworden. Sie *erwarten* Fehlschläge, schlechte Noten und Kritik. Ihre negativen Erfahrungen erfüllen sich, die erwarteten Fehlschläge kommen wie Ebbe und Flut.

> Pessimismus wirkt wie eine pädagogische Bremse. Jede Aktivität wird gelähmt, alle Fortschritte bezweifelt, alle Verbesserungen in Frage gestellt.

Das *konstitutive* Element des Pessimismus sollte man auf keinen Fall überbetonen. Es genügt schon die pessimistische, entmutigende und resignierende Lebensart eines Elternteils, um pessimistisches Verhalten zu provozieren. Pessimismus wirkt wie eine pädagogische Bremse. Jede Aktivität wird gelähmt, alle Fortschritte bezweifelt, alle Verbesserungen in Frage gestellt. Wie äußert sich in Gesprächen der pessimistische Stil?

„Ich kann mir nicht vorstellen, dass daraus jemals etwas wird."

„Das schaffst du *niemals*, wenn du so weitermachst."

„*Alles* ist vertane Zeit."

„Ich glaube *nichts* davon, dass du dir Mühe geben willst, um die miserablen Noten zu ändern."

Warum soll das Kind sich noch Mühe geben? Wozu soll es sich anstrengen? Ihm ist doch von den alles wissenden Eltern bescheinigt worden, dass *alles* sinnlos ist, dass es *niemals* die Versetzung schaffen wird, dass es *nichts* leistet, dass der Schulbesuch *hoffnungslos* ist, dass die Schulsituation völlig *ausweg-*

los ist, dass Nachhilfestunden zwecklos sind, dass alles Reden und Schimpfen *nutzlos* bleibt.

Ich wundere mich oft, dass sich die Eltern bei solchem Pessimismus und solchen pessimistischen Aussagen wundern, wenn ihre Kinder die Hände in den Schoß legen, die Hoffnung wirklich aufgeben und sich hinter der Faulheit verschanzen.

Was wollen Kinder mit Pessimismus bezwecken?

Die Entmutigung der Eltern hat auch die Handlung und Zielsetzung der Kinder geprägt. Sie haben sich den Pessimismus zu eigen gemacht. Sie sagen:

❑ „Bei mir ist Hopfen und Malz verloren."
❑ „Es hat doch alles keinen Zweck."
❑ „Geben Sie sich bloß keine Mühe, bei mir lohnt das nicht."
❑ „Wenn Sie sich mit mir abgeben, ist das vertane Zeit."
❑ „Was ich anpacke, geht doch schief."

Welche unbewussten Ziele können faule Kinder mit dieser Haltung bezwecken?

❑ Sie wollen in Ruhe gelassen werden. Sie ruhen sich auf den Lorbeeren ihrer Unfähigkeit aus.
❑ Diese Kinder berufen sich auf ihre *angeborene* Minderwertigkeit, auf ihre schicksalhafte Unterbegabung. Sie frönen ihrer Faulheit und Untüchtigkeit und haben eine entsprechende Entschuldigung zur Hand.
❑ Die Furcht vor Misserfolg und die Angst, den Erwartungen der Eltern und Lehrer nicht gerecht zu werden, benutzt das Kind, um in pessimistische Vorstellungen zu flüchten. In der Vorstellung nimmt das Kind die Niederlage vorweg. Es glaubt an die Katastrophe. Alle Fehlschläge werden vorausgesagt, und sie treffen ein.

❑ Der Glaube an den Misserfolg wird zum *Schicksalsaber-glauben.* Es kommt, wie es kommen muss. Alles ist vorher-bestimmt. Der Schüler beruft sich auf einen unerklärlichen Determinismus. Er erschleicht sich damit das Recht, die Hände in den Schoß zu legen. Der Schicksalsaberglaube ist wunderbar geeignet, die Verantwortung abzuschieben. Gegen das Schicksal ist kein Kraut gewachsen. Das Alibi ist perfekt, der Pessimismus zahlt sich aus. Die Faulheit muss respektiert werden.

11

Faulheit oder Ich bin eine Niete

In der Beratung sagt ein Vater:

„Mit meinem Sohn ist es zum Verzweifeln. Er sagt, er sei eine Niete Aber das muss ja nicht sein, streng dich an, und du hörst auf, eine Niete zu sein! Du kannst besser sein als viele andere. Wenn du aber nicht willst, bleibst du auf einem niedrigen Niveau!"

Hält der Vater seinen Sohn für *gleichwertig*? Nein.

Hält der Sohn sich innerhalb der Familie für gleichwertig? Nein.

Der Vater ist davon überzeugt, dass der Sohn sich erheblich bessern muss, um respektiert zu werden. Und genau an dieser Stelle liegt der Schlüssel zum Fehlverhalten des Jungen.

Wenn wir uns falsch einschätzen

Der Arzt und Individualpsychologe Rudolf Dreikurs hat eine These aufgestellt, die für unser Thema nicht unerheblich ist. Sie lautet: „Jedes persönliche Versagen und destruktive Verhalten kann auf die irrige *Meinung* zurückgeführt werden, wir hätten keinen Wert innerhalb der Gemeinschaft ... Unsere soziale Atmosphäre ist die des Wettkampfes; der Mensch fühlt sich

> Jedes persönliche Versagen – auch die Faulheit – ist ein Zeichen von Entmutigung.

entweder minderwertig, oder er kämpft darum, eine scheinbare Überlegenheit zu wahren."[37]

Jedes persönliche Versagen – auch die Faulheit – ist ein Zeichen von Entmutigung. Das als faul bezeichnete Kind fühlt sich *nicht gleichwertig.* Aber nicht, weil es faul ist, produziert es dieses destruktive Verhalten, sondern weil es sich minderwertig fühlt, kann es sich unter anderem für die Faulheit entscheiden.

Alfred Adler erklärt dieses abwegige Verhalten folgendermaßen: „Es gibt nur einen Grund, wenn ein Mensch auf die unnütze Seite abbiegt: die Furcht vor einer Niederlage auf der nützlichen Seite. In dieser Hinsicht kann man das vergrößerte Minderwertigkeitsgefühl des Patienten, ferner sein Zögern, Haltmachen oder seine Flucht vor der Lösung eines der sozialen Probleme des Lebens (es gibt keine anderen) sehen ... Den Mut, auf der nützlichen Seite vorwärts zu gehen, können natürlich nur diejenigen aufbringen, die sich als ein Teil des Ganzen betrachten, die auf dieser Erde, in dieser Menschheit heimisch sind."[38]

Es ist keine Frage, dass die traditionellen Erziehungsmethoden auf der Erkenntnis beruhen: So, wie der Mensch ist, ist er *nicht* gut genug. Wir gehen bewusst oder unbewusst von der Annahme aus, dass der Mensch *mehr* leistet, *mehr* arbeitet, *mehr* erreicht, *mehr* Erfolg hat, wenn er glaubt, er sei *nicht gut genug.* Diese schlechte Selbsteinschätzung *kann* hier und da erfolgreich sein, in der Regel ist dieser negative Antrieb nutzlos und schädlich.

So, wie ich bin, bin ich gut genug

> So, wie ich bin, bin ich gut genug. So, wie ich bin, akzeptiere ich mich.

In einem Arbeitskreis für angehende Altenpfleger haben wir den Satz diskutiert: So wie ich bin, bin ich gut genug. Von 20 Teilnehmern konnte keiner überzeugend von sich sagen: „So, wie ich bin, bin ich gut genug. So, wie ich bin, akzeptiere ich mich."

Wir haben dann gemeinsam zusammengetragen, wer diesen Satz nicht sagen kann und was einen Menschen hindert, sich so zu bejahen, wie er ist. Wer kann sich nicht akzeptieren, wie er ist?

- ❏ Der nicht mit sich zufrieden ist, äußerlich und innerlich.
- ❏ Der sich nicht *geliebt* weiß, sich nicht geliebt *fühlt* – völlig unabhängig davon, ob sein Gefühl richtig ist oder falsch.
- ❏ Der nicht genug *Bestätigung* und *Anerkennung* bekommt.
- ❏ Der *Komplexe* hat und Minderwertigkeitsgefühle.
- ❏ Der sich *unterdrückt* fühlt.
- ❏ Der sich niemand *anvertrauen* kann.
- ❏ Der glaubt, immer *geben* zu müssen, damit er geliebt und ernst genommen wird.
- ❏ Der sich *unmoralisch* und minderwertig fühlt.
- ❏ Der glaubt, nicht *liebenswert* zu sein, und der für einen Menschen des anderen Geschlechts keinerlei Anziehung besitzt.
- ❏ Der ein *Angeber* ist und ständig sich und der Welt beweisen muss, dass er wer ist und etwas darstellt.
- ❏ Der glaubt, er dürfe den Satz nicht sagen, um nicht vor anderen Menschen *überheblich* zu erscheinen.
- ❏ Der glaubt, er könnte dann ja die Hände in den Schoß legen und alles sei gut, weil er ja *perfekt* sei.
- ❏ Der *Angst* hat zu versagen.
- ❏ Der um jeden Preis *beweisen* will, dass er nicht minderwertig und wertlos ist.

Gegen diesen Satz „So wie ich bin, bin ich gut genug" laufen die meisten Menschen Sturm. Wir sind alle gegen uns voreingenommen. Was uns weitgehend kennzeichnet, ist unser *Mangel an Vertrauen* in unsere Fähigkeiten. Wer *glaubt*, er sei eine Niete, wird alles

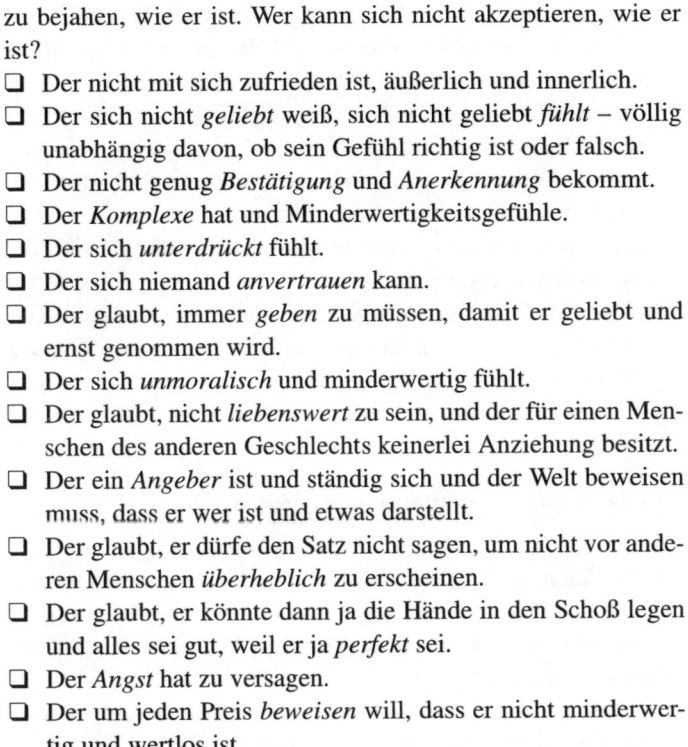

Was uns weitgehend kennzeichnet, ist unser Mangel an Vertrauen in unsere Fähigkeiten.

daran setzen, seinen Glauben zu bestätigen. Er wird unter allen Umständen *erfolgreich sein*, eine Niete zu verkörpern.

Wir haben schon als Kinder gelernt, dass wir, so, wie wir waren, nicht genügten, nicht gut genug waren. Nur wenn wir *bessere* Zeugnisse nach Hause brachten, *bessere* Noten erreichten, *mehr* lernten, *mehr* Geschicklichkeit an den Tag legten und *mehr* arbeiteten, konnten wir unseren Wert beweisen.

Unsere Erziehungsvorstellungen beruhten also auf der Einsicht,

- ❏ dass Selbstbejahung den Fortschritt hindert und die menschliche Aktivität und Leistungsfähigkeit lähmt,
- ❏ dass Zweifel die Leistungsbereitschaft erhöht und den Arbeitstrieb steigert,
- ❏ dass empfundene Unzulänglichkeiten unsere Lernbereitschaft aus dem Schlafe reißt und zu ungeahnter Tatkraft anstachelt.

Das Gegenteil ist der Fall.

Folgen der Gleichwertigkeitsstörungen

Warum kann ich bei diesen seelischen Gleichwertigkeitsstörungen nicht vorwärts schreiten?

Warum kann ich unter den genannten Voraussetzungen keine positiven Beiträge leisten?

1. Bin ich mit mir unzufrieden, drehe ich mich um mich selbst und bin mit mir selbst beschäftigt, neige ich zur Aggression und ziehe mich unter Umständen auf mich selbst zurück.

2. Fühle ich mich nicht genug geliebt, hasse ich die anderen und räche mich bewusst oder unbewusst an Mitmenschen und bin außerstande, positive Beiträge in der Gemeinschaft zu leisten. Fühle ich mich selbst nicht liebenswert, bin unglücklich mit mir und beneide andere und hasse mich womöglich.

3. Bin ich ein Angeber und Hochstapler, habe ich das Gefühl, dass ich mehr zeigen muss, als ich habe. Durch Übertreibung und Zurschaustellung will ich mein lädiertes Selbstbewusstsein aufbessern.

4. Fühle ich mich nicht genug bestätigt und anerkannt, kriti-

siere ich die anderen, um selbst im Wert zu steigen. Ich kann die anderen nicht gelten lassen und bin infolgedessen auch nicht kooperativ.

5. Fühle ich mich minderwertig, kann ich zum übertriebenen Ehrgeiz und Geltungsstreben neigen. Oder ich werde lebensuntüchtig, traue mich an keine Aufgaben und Forderungen heran und werde zum Versager.

6. Glaube ich, nur etwas zu sein, wenn ich *gebe*, wenn ich für andere da bin, wenn ich Leistungen vorweisen kann, stehe ich damit ständig unter Leistungsdruck. Ständig stehe ich in der Gefahr, mich zu überfordern, und werde mein eigner Sklaventreiber.

7. Glaube ich, moralisch minderwertig zu sein, halte ich mich für schlecht und böse, tendiere ich unbewusst zum Pharisäismus und zur Überheblichkeit. Meine Wertlosigkeit hindert mich, Aufgaben anzupacken. Praktisch stelle ich mich *über* Gott, der mich trotz meiner Sünden liebt; ich weise seine Liebe zurück, denn ich gehe mit meiner Schuld härter ins Gericht als Gott.

8. Habe ich Angst, überheblich zu erscheinen, unterbinde ich mein Selbstwertgefühl, um bei anderen Menschen besser anzukommen. Demütiges Verhalten, sich klein machen und untertreiben verfolgt unbewusst das Ziel, negativer Kritik vorzubeugen, den anderen den Wind aus den Segeln zu nehmen und auf diese Weise um Zuneigung und Anerkennung zu werben.

9. Habe ich Angst zu versagen, bin ich ständig auf der Jagd nach Erfolg. Ich muss ja Erfolg vorweisen können, um nicht als Niete und als Versager zu gelten. Ich bin gar nicht in der Lage, mein Bestes zu tun und die Aufmerksamkeit auf die Sache zu richten, sondern ich bin bemüht, mein Ansehen zu verbessern, den Misserfolg zu verhindern, und verliere die Freude am Handeln und am Leben. Die Psychologie lehrt uns, dass wir niemals zwei Dinge gleichzeitig tun können. Liegt es daran, dass wir so viele *lustlose* Schüler haben? Sie

arbeiten und lernen nicht, um eine schlichte Befriedigung in ihrer Arbeit zu finden, sondern sie lernen, um nicht unzulänglich zu sein.

10. Muss ich mir und anderen um jeden Preis *beweisen*, dass ich nicht wertlos bin, lebe ich ja im Zweifel meines Wertes. Hätte ich genügend Selbstwert, brauchte ich keinen Beweis. Jeder *Erfolg* ist dann nur ein Sekunden-Erfolg, denn Augenblicke später muss ich ja schon wieder auf dem Plan sein, meinen Wert zu beweisen. Die ständige *Bewährungsprobe* torpediert die Freude an der Arbeit. Die Flucht in die Krankheit, Faulheit und Resignation bieten sich geradezu an.

Wir akzeptieren uns, wie wir sind

Wer sich in der Familie, in der Schule, in der Gruppe und in der Gesellschaft nicht gleichwertig fühlt, schreibt mit Riesenlettern über sein Leben:

„Nur wer ständig gegen seine Unzulänglichkeit zu Felde zieht, wird einen Platz in der menschlichen Gesellschaft erhalten."

Sein Leben ist dann ein einziger Kampf mit sich selbst, ein einziger Krampf. Unser Wert hängt dauernd in der Luft. Jeder Schritt ins Leben, ins Büro, in die Schule ist mit Ängsten angefüllt: „Werden nicht neue Mängel ans Licht kommen?" Niemals können wir uns freuen, denn unser gegenwärtiger Wert kann morgen schon in Frage gestellt werden.

❑ Niemals können wir uns *sicher fühlen*, denn jede neue Prüfung, jede neue Bewährung könnte neue Mängel ans Licht bringen.

❑ Niemals können wir *innerlich ausgeglichen* sein, wenn wir nicht den Wettstreit mit anderen aufgeben und den Konkurrenzstreit.

❑ Niemals können wir *Frieden* mit uns *schließen*, wenn wir nicht den Mut zur Unvollkommenheit aufbringen. Der Mut zur Lücke und der Mut zur Unvollkommenheit geben uns Gelassenheit. Und nur wenn wir innerlich zufrieden, gelassen, ruhig, sicher und fröhlich sind, können wir etwas leisten. Es ist *falsch*, zu sagen, erst muss sich der Mensch bessern, dann kann er respektiert werden. *Richtig* ist, je mehr er sich selbst achtet und von anderen geachtet wird, desto besser kann er positive Beiträge leisten und zum Wohl der anderen beitragen. Wir haben Wert und Geltung durch unser Dasein und spielen mit unseren Gaben und Fähigkeiten einen Part im großen Orchester.

Wenn Eltern sich nicht selbst annehmen

Was hat die Selbstannahme mit der Faulheit unserer Kinder zu tun? Untersuchungen haben ergeben, wer sich selbst annimmt, kann andere annehmen. Diese Wechselbeziehung ist augenscheinlich. Ein Mensch, der sich selbst bejahen und akzeptieren kann, kann andere Menschen – auch seine Kinder – bejahen und akzeptieren. Thomas Gordon, ein erfahrener Familienpädagoge, schreibt dazu:

„Menschen, die vieles an sich selbst nicht tolerieren können, finden vieles an anderen gewöhnlich schwer zu tolerieren ... Eltern, die ihre eigenen Bedürfnisse durch unabhängige produktive Leistungen befriedigen, nehmen nicht nur sich selbst an, sondern *brauchen die Befriedigung ihrer Bedürfnisse auch nicht in der Art des Verhaltens ihrer Kinder zu suchen.* Sie haben es nicht nötig, dass sich ihre Kinder auf bestimmte Weise entwickeln." [39]

Wo liegt die Gefahr?

Eltern, die sich nicht akzeptieren, haben es *nötig*, dass sich ihre Kinder nach ihren überzeichneten Vorstellungen entwickeln. Sie fordern mehr, kritisieren mehr und erregen sich mehr als nötig. Sie brauchen es, stolz auf ihre Kinder zu sein; sie *brauchen* es, dass sich ihre Kinder so verhalten, dass sie mit anderen Eltern konkurrieren können, dass sie ihre Kinder vorzeigen können. Sie *benutzen* ihre Kinder, um ihren Eigenwert zu erhöhen und ihre Selbstachtung zu vergrößern.

12 Motivation als Lernmotor

Erzieher, die die Faulheit ihrer Kinder beklagen, stöhnen gleichzeitig über mangelnde Motivation ihrer Zöglinge. Welche Rolle spielt die Motivation im Rahmen der Leistungsstörung?

Der Schulerfolg und die geistige Leistung eines Kindes setzen sich aus drei Hauptfaktoren zusammen:

❏ den *Fähigkeiten* oder der Intelligenz. Entscheidend ist aber, dass Intelligenz allein zum Erfolg nicht ausreicht;

❏ den *Methoden*, also der Art und Weise, wie die Aufgaben angepackt, geplant und durchgeführt werden;

❏ den *Motivationen*, von denen im folgenden eingehend die Rede sein soll.

Der Begriff Motivation taucht heute im Sprachgebrauch immer häufiger auf. Motivation meint die *Lernbereitschaft* und *Lernfreudigkeit*. Motivation ist der Motor zum Lernen. Im weitesten Sinne umschreiben wir mit Motivation: Interesse, Freude, Lernwille und Angesprochensein. Gegenüber dem Tier liegen die Antriebskräfte beim Lernen stärker in geistigen Begriffen und nicht in vitalen Urbedürfnissen. Verhaltensforscher brachten Ratten, Mäusen und Katzen sowie Affen zum Lernen, indem sie die starken biologischen Triebe und Bedürfnisse, wie Hunger, Durst und Begattungstrieb, als Motor benutzten. Welche Motivation spielen nun beim Kind eine Rolle?

> Motivation meint die Lernbereitschaft und Lernfreudigkeit. Motivation ist der Motor zum Lernen.

125

1. Wenn der Schüler erkennt, dass die zu lernenden Aufgaben für seine Existenz notwendig und für sein Weiterkommen *nützlich* sind. Er muss eine geistige Bereicherung spüren, sein Selbstwertgefühl, seine persönliche Sicherheit müssen wachsen. Dazu ist erforderlich, dass er mitreden und mitentscheiden kann.

2. Die geschickte Anleitung zum *Selbsterarbeiten, Selbstfinden* und zur *Selbstausführung* ist für die Motivation des Kindes von Bedeutung. Untersuchungen haben ergeben, dass:
80% von dem, was einer *gehört* hat,
70% von dem, was einer *gesehen* hat,
50% von dem, was einer *gehört* und *gesehen* hat,
10% von dem, was er *selbst ausgeführt* hat,
vergessen wird. Aufgaben, die das Kind mit eigener Kraft gelöst, und Probleme, in die es sich hineinvertieft hat, bleiben haften. Gelingt es den Eltern und Erziehern, Kinder zu bewegen, sich mit Neugierde und detektivischem Spürsinn an Aufgaben heranzumachen, ist der Lernerfolg am größten, aber auch die Chance, das Gelernte wirklich zu behalten.

3. Aufgaben, die sich das Kind *selbst stellt*, motivieren besser. Statt auf Geheiß des Lehrers oder auf Druck der Eltern Aufgaben zu wiederholen, kann das Kind sich eigene Teilziele und Fristen setzen. Es nimmt sich beispielsweise vor, bis zu einem bestimmten Termin ein Kapitel zu beherrschen, sich eine Anzahl von Vokabeln anzueignen. Sehr oft haben Eltern hohe Ziele vor Augen, die das Kind ablehnt und die Initiative lähmt. Selbstgewählte Etappenziele geben dem Kind Richtlinien und Sinn – wenn sie erreicht werden –, Erfolgserlebnisse. Und Erfolgserlebnisse stacheln erneut die Lernmotivation an.

4. Nur *glückliche* Kinder können sich geistig entfalten. Begabung ist oft eine Frage des individuellen Glücks, der Zufrieden-

heit und des seelischen Wohlbefindens. Seelischer Druck und Unzufriedenheit blockiert die Motivation. Nur ein glückliches Kind kann seine Begabung entfalten. Es braucht dazu spürbare Liebe, Zärtlichkeit und Zuspruch. Erst auf dieser Grundlage der Lebenssicherheit können die vielen Möglichkeiten, die in ihm angelegt sind, zur vollen Entfaltung kommen.

5. Beachten Sie das *Lerntempo* Ihres Kindes. Ernst Kretschmer und seine Schüler führten Experimente durch, um das Verhalten der Typen in verschiedenen Lebensbereichen zu beobachten. Unter anderem untersuchten sie das *psychomotorische Tempo*. Gemeint sind das Tempo und der Rhythmus der Bewegung, die einem Menschen am angenehmsten sind. Ganz klar ergibt sich, dass das Eigentempo des Leptosomen, also des schlanken, mittelgroßen, manchmal mageren und schmalen Menschen, wesentlich rascher ist als das des Athletikers, des kräftigen und großen, mit ausladenden Schultern versehenen Menschen. Bei Klopfversuchen war der Pykniker, der mittelgroße, rundliche, durch Breite- und Dicken-Wachstum gekennzeichnete, am langsamsten. Der Leptosome war mehr als doppelt so schnell. Selbstverständlich ist nach Alter, Interesse, Temperament, Erkenntnis und Übung das Lerntempo des einzelnen Kindes verschieden. Kritiksucht, Druck, Angst und Überforderung können das Tempo erheblich hemmen. Die Lernleistung ist am höchsten, wenn jeder Schüler in dem ihm gemäßen Tempo lernt.

6. Eine sofortige *Erfolgsbestätigung* führt zur Lernverstärkung. Rolf gilt in der Familie als Faulpelz. Zwischen Vater und Sohn herrscht daher ständig Krisenstimmung. Rolf hat das ganze Wochenende dazu benutzt, sein Physik-Arbeitsheft zu überholen. Rolf steht in Physik mangelhaft. Der Lehrer hat ihm aber versprochen, die Note anzuheben, wenn er durch Zeichnungen, schriftliche Aufzeichnungen und Ausarbeitungen sich mit bestimmten Themen auseinandersetzt. Stolz zeigt Rolf dem Vater die Mappe: „Das ganze Wochenende habe ich an der Physik-

mappe gesessen. Ich hoffe bestimmt, ich kriege noch ausreichend."

Vater: „‚Zusammenfallen' wird in einem Wort geschrieben. Deine deutsche Sprache ist für dich immer noch eine Fremdsprache!" Das ist keine Erfolgsbestätigung, das ist massive Kritik. Das ist keine Lernverstärkung, sondern mit Sicherheit eine Lernminderung. Das ist keine Selbstwertsteigerung, sondern eine Selbstwertminderung. Das ist keine Ermutigung, das ist Entmutigung. Können Sie sich vorstellen, dass Rolf noch einmal ein Wochenende dazu benutzt, um seine Noten aufzubessern? Nichts wirkt erfolgreicher als der Erfolg. Der Erfolg stärkt das Selbstgefühl. Das Selbstwertgefühl ist der innere Seismograph unserer seelischen Gesundheit. Alle verhaltens- und charaktergestörten Menschen, alle Neurotiker sind in ihrem Selbstwertgefühl gestört. Die Beeinträchtigung im Selbstwertbereich schreitet von begrenzten Minderwertigkeitsgefühlen über die Selbstkrise bis zur umfassenden Entmutigung fort. Dem stufenweisen Abbau des Selbstwertes entspricht eine zunehmende Existenzeinschränkung.

Schlechte Beurteilung, negative Kritik, pessimistische Befürchtungen, negative Erwartungen, Zweifel am Erfolg sind Treppenstufen zur Leistungsminderung. Jede Bestätigung und Ermutigung steigert die Erfolgsfreude und führt zur Erhöhung des Anspruchsniveaus. Der Lernende verstärkt sein Lernverhalten und steigert seinen Lerneifer.

7. Soll ein Kind mit dem Lernstoff in *engeren* Kontakt kommen, müssen die *positiven* Bedingungen und Folgeerscheinungen gefördert werden. Denn: „Kinder lernen die Dinge zu umgehen, mit denen sie geschlagen werden."

Was sind positive Praktiken, um die Motivation zu verbessern, um beim Kind Erfolgserlebnisse zu initiieren? Es sind – allgemein gesagt – Bedingungen und Folgeerscheinungen, die die Selbstachtung verstärken, zu einem verbesserten Selbstbild führen und das Selbstvertrauen steigern. Zum Beispiel: Wenn

Eltern mit Kindern Aufgaben üben, werden alle Antworten, ob sie richtig oder falsch sind, freundlich akzeptiert und nicht mit abweisenden Bemerkungen quittiert. So etwa sollten Eltern mit ihren Kindern reden:

„Die Lösung ist nicht richtig, versuch es noch einmal!"

„Du kommst der Sache schon näher!"

„Ja, du bist nahe dran!"

„Du hast den Aufbau gut im Griff, nur ein Rechenfehler am Schluss!"

„Es geht schon wesentlich besser!"

Was hindert die Motivation?

1. Die Motivation wird eingeschränkt, wenn Furcht und Angst durch Drohen in verschiedener Form entfacht werden. Wie sehen solche Drohungen aus?

❑ Wenn Eltern und Erzieher den Kindern zu verstehen geben, dass ihre Anstrengungen keine Aussicht auf Erfolg haben.

❑ Wenn Eltern und Erzieher dem Kind sagen: „Du wirst das zwar niemals begreifen, aber..."

❑ Wenn Eltern und Erzieher dem Kind sagen: „Wenn du kein Interesse hast, lass es bleiben, dann wirst du eben Hilfsarbeiter."

❑ Wenn Eltern und Erzieher dem Kind sagen: „Du verstehst so viel von Mathematik wie die Kuh vom Sonntag. Du hast Glück, wenn du die Hauptschule ohne Sitzenbleiben schaffst."

❑ Wenn Eltern und Erzieher dem Kind sagen: „Bis zu den Zeugnissen sehen wir uns die Schlamperei noch an, dann gehst du zurück auf die Hauptschule!"

2. Die Lernmotivation wird eingeschränkt, wenn Kinder nicht über den Zeitraum des gemeinsamen Übens mitentscheiden dürfen. Auch falsche Reaktionen sind:

„Heute abend gibt es kein Fernsehen, da wird erst einmal geübt!"

„Ein geruhsames Wochenende ist für dich gestrichen, da wird Latein gepaukt!"

„Mit Faulenzen kommt man im Leben nicht weiter. Jeden Abend wird in dieser Woche geübt, da kannst du zeigen, ob du überhaupt Interesse an der höheren Schule hast!"

Das Üben wird zur Strafe. Die Eltern reagieren ihren Unmut an den Kindern ab. Das Interesse an der Arbeit wird schon im Vorfeld untergraben. Und wie können Eltern mit Kindern sprechen?

„Ich habe heute abend eine Stunde für dich Zeit. Sollen wir uns gemeinsam die englischen Vokabeln vorknöpfen?"

„Die letzte Arbeit zeigt einige Mängel in Grammatik. Sollen wir beide die Arbeit noch mal durchgehen?"

„Für das gemeinsame Üben wollen wir uns etwas Zeit nehmen. Was schlägst du vor, wie lange wir zusammensitzen sollen?"

3. Die Lernmotivation wird gehemmt, wenn Eltern wiederholt die Meinung des Kindes nicht akzeptieren und respektieren. Viele Eltern kehren unbewusst ihre *Überheblichkeit* heraus, wenn sie die Meinung der Kinder ignorieren, lächerlich machen oder bewerten. Der Vater sagt: „Was du über den ‚Paragraphen 218' schwätzt, kennzeichnet mal wieder deinen jugendlichen Unverstand."

Warum kann der Vater nicht sagen: „Das ist sehr interessant, deine Meinung über Abtreibung zu hören. Du hast dir Gedanken gemacht, kannst du Näheres darüber sagen?"

„Du beziehst sehr konsequent eine Gegenposition. Mich interessiert, wie du sie begründest."

4. Die Lernmotivation wird eingeschränkt, wenn die *Neugier* des Kindes gehemmt wird. Der ursprünglichste und wichtigste Grund der Lernmotivation ist Neugier. Das Kind will die Welt

kennenlernen, will alles *begreifen* – und zwar in jeder Beziehung. Von daher sind seine Tage erfüllt mit

❑ Forschungen,

❑ Entdeckungen,

❑ endlosen Fragereien.

Die Neugier des Kindes bedeutet, dass es nicht träge, faul und von Geburt an desinteressiert ist. Durch Überforderung, negative Einstellungen zur Arbeit und Druck können wir allerdings die anlagebedingte Neugier unterhöhlen. Und dieser Abnutzungsprozeß des Neugierverhaltens setzt in der Regel schon sehr früh ein. Wodurch kann die Neugier untergraben werden?

❑ *Durch Überfütterung.*

Das Kind wird mit Wissen vollgestopft, weil Eltern angelerntes Wissen mit Intelligenz verwechseln.

❑ *Durch Überforderung.*

Die Eltern wollen ein Musterkind heranbilden. Sie wollen – zweifellos in guter Absicht – das Beste aus den Kindern herausholen.

❑ *Durch unsachgemäße Leistungssteigerung.*

Das Kind soll schon mit acht Jahren komplizierte Geschichten lesen und verstehen können. Lesen ist anregend und interessant. Wäre es nicht so, würden nicht jedes Jahr Millionen von Büchern gekauft und gelesen.

❑ *Durch Ablehnung der kindlichen Fragen.*

Antworten auf Fragen zu finden ist beglückend. Das Kind will Erfahrungen sammeln und weiterkommen. Es will groß werden und mithalten können.

Ermutigung als Lernhilfe

Warum ist Ermutigung für jeden Menschen wichtig?

Der Mensch braucht Ermutigung wie die Luft zum Atmen. Ohne Ermutigung fehlen Aktivität, Lebensfreude und die Einstellung, zuversichtlich Ziele im Leben anzusteuern. Ohne Ermutigung werden Resignation und eine miserable Selbsteinschätzung gefördert. Kinder und Erwachsene reagieren mit Minderwertigkeitsgefühlen und glauben nicht an sich. Sie sind pessimistisch und fehlerorientiert.

Was löst Ermutigung in uns aus?

Ermutigung ist wie eine Energiespritze. Wir glauben an uns. Wir packen zu, wir praktizieren Selbstvertrauen und stellen uns den Herausforderungen des Lebens. Ermutigung ist wie Sauerstoff für unsere Seelen. Ermutigung ist für Kinder und Erwachsene die größte Lernhilfe.

❑ Ermutigung baut auf.
❑ Ermutigung stärkt das Rückgrat.
❑ Ermutigung stabilisiert den Selbstwert.
❑ Ermutigung fördert das Selbstbewußtsein.

Warum scheinen Menschen eher einen Hang zum Ermahnen statt zum Ermutigen zu haben?

❑ Wer ermahnt, will bewahren.
❑ Wer ermahnt, will Fehler, Schwächen, Unglück und Sünden verhindern.
❑ Wer ermahnt, gibt Ratschläge.

❑ Wer ermahnt, zeigt die Gefahren und warnt vor Fehlschlägen.

❑ Wer ermahnt und warnt, bremst eher den Fortschritt, die
Impulse und das Engagement.

Wer *ermutigt*, redet nicht in erster Linie, er realisiert ein nach-
ahmenswertes Beispiel.

Gibt es Menschen (bestimmte Charaktere), denen Ermutigung leichter fällt?

Eindeutig. Optimisten, positive Menschen, die an sich glauben,
weil Christus an sie glaubt, sind ermutigte Menschen. Denn nur
wirklich Ermutigte können ermutigen. Nur ermutigte Menschen
können Glaube, Hoffnung, Liebe, Selbstvertrauen, Entschei-
dungsfähigkeit und Zukunftsvisionen vermitteln.

Solche Persönlichkeitsstrukturen sind Sanguiniker, lebens-
frohe, zuversichtliche und wagemutige Menschen. Dazu gehören Hysteriker, die als Christen kindlich glauben können, die
nicht die Botschaft der Bibel zergrübeln und aus der „frohen
Botschaft" einen Haufen trübsinniger Probleme machen.

Verschiedene Ratgeber empfehlen, einem Menschen zuerst einige positive Dinge zu sagen, bevor man kritisiert. Wird die Ermutigung nicht schnell zur Taktik?

Ermutigte Menschen, die Christus im Glauben gestärkt und be-
kräftigt hat, beginnen nicht mit Kritik. Sie *leben* Ermutigung.
Sie sehen zuerst das Positive und nicht das Negative. Sie sehen
die Rosen und nicht zuerst die Dornen. Sie sehen das, was gelingen kann. Ermutigte Menschen sind keine Befürchtertypen.

Darum ist Ermutigung eine *Haltung*, eine *Einstellung* und
keine Taktik.

Wer als Lehrer, Mitarbeiter in der Gemeinde und als Pastor
aus Ermutigung eine Taktik macht, zäumt das Pferd von hinten
auf. Ermutigung ist eine Frage der Gesinnung, eine Herzensein-
stellung und kein Kunstgriff aus der pädagogischen Trickkiste.

Kann man Ermutigung lernen?

Ja und nein: Entscheidend ist, dass Christus unser Tröster, unser Ermutiger, unser Beistand, unser Fürsprecher, unser Anwalt und Kraftspender ist. Dies sind alles Übersetzungen für das Wort „Trost" oder Ermutigung, wie sie beispielsweise die „Gute Nachricht" verwendet.

Dann aber müssen wir umlernen. „Gut gemeint ist nicht gut!" sagt ein Sprichwort. Kritik zieht nach unten, Ermutigung zieht nach oben. Fehlerorientiertes Sehen produziert ängstliche und an sich zweifelnde Menschen.

Fünf konkrete Vorschläge, Ermutigung im Alltag zu praktizieren

Regel Nr. 1: Nehmen Sie den anderen an – wie er ist, nicht wie er sein sollte.

Regel Nr. 2: Benutzen Sie Formulierungen, die das Selbstwertgefühl des anderen stärken!

Regel Nr. 3: Ermutigen Sie durch Mut zur Lücke!

Regel Nr. 4: Ermutigung beinhaltet, das Kind zur Selbständigkeit zu führen.

Regel Nr. 5: Sind Sie selbst in Christus ermutigt, dann können Sie ermutigen!

Ermutigen Sie Ihr Kind? – ein Selbsterforschungsfragebogen für Eltern		
Verwenden Sie auch diese oder ähnliche Ausdrücke?	oft	selten
1. Du kannst es besser, ich weiß es.		
2. Benimm dich!		
3. Was bist du für ein dummes Kind!		
4. Benutz zur Abwechslung mal deinen Verstand!		

	oft	selten
5. Das ist doch lächerlich!		
6. Du solltest dich schämen!		
7. Werde endlich erwachsen!		
8. Du könntest es, wenn du es versuchen würdest!		
9. Ich sage es dir kein zweites Mal!		
10. Du weißt, was das letzte Mal passierte!		
11. Stell dich nicht so bescheuert an!		
12. Du weißt doch, das das nicht geht!		
13. Du machst mich krank!		
14. Bei dir ist Hopfen und Malz verloren!		
15. Dein Arbeitseifer ist für mich ein Sargnagel!		
16. Ich geb's auf!		
17. Von deinem Lerneifer habe ich gestrichen die Nase voll!		
18. Wie kann man nur so dumme Fehler machen!		
19. Gib's auf! Es hat alles keinen Zweck!		
20. Mach weiter so, dann bin ich reif für die Klapsmühle!		

Erzieherische „Ausrutscher" können jedem Elternteil unterlaufen. Und wenn sie zur Regel werden?

Versuchen Sie einmal, die negativen Aussagen durch positive zu ersetzen!

Glauben Sie noch an Ihr Kind?

135

❏ Ich spreche über ihre Interessen und Talente.

❏ Ich mute ihnen Probleme zu, sie zu lösen.
Ich mute ihnen aber nur Probleme zu, die sie auch lösen können.
Indem Sie Ihren Kindern etwas zumuten, trauen Sie ihnen etwas zu.

❏ Ich betone die guten Seiten und Möglichkeiten des Kindes.
Ich verringere meine Nörgelei und meine Meckerei. Meckern fördert den Widerstand des Kindes.

❏ Ich sage es, wenn die Kinder mir geholfen haben. Ihre Mithilfe ist nicht selbstverständlich. Ich bedanke mich bei ihnen.

❏ Ich nehme ihre Gefühle und Gedanken ernst. Ich höre ihnen zu und habe nicht gleich Gegenargumente.

❏ Ich erkenne jede auch noch so kleine Leistung an. Tue ich das nicht, lohnt sich für das Kind die Anstrengung nicht.

❏ Ich kann Fehler und Schwächen bei mir anerkennen. Ich benenne sie konkret. Ich stelle mich nicht als unfehlbar dar.

❏ Ich halte Versprechen und Zusagen ein. Nicht nur die Kinder sollen ihre Zusagen einhalten.

❏ Ich bin pünktlich, auch bei meinen Kindern. Wie will ich Zuverlässigkeit erwarten, wenn ich selbst nicht mit gutem Beispiel vorangehe?

❏ Ich bestimme nicht nur, sondern hole auch gerne den Rat meiner Kinder ein.
Wie beurteilen sie die Situation?

❏ Ich gebe mir Mühe, meine Kritik nicht lieblos und vorwurfsvoll anzubringen. Kann ich das Kind nicht in Frageform an seine Verantwortung erinnern? „Birgit, du hast eine 6 geschrieben. Hast du selbst einen Vorschlag, wie du mit dem Fach besser fertig wirst?"

❏ Ich glaube an das Kind, und zwar wie es ist, nicht wie es sein sollte. Ich sehe Möglichkeiten und werfe nicht das Handtuch.

❑ Ich vertraue darauf, dass mein Kind Fähigkeiten hat, die seinen Möglichkeiten entsprechen.

❑ Ich will mir immer klarmachen, dass ich meinen Kindern mit Achtung, Freundlichkeit, Höflichkeit und Güte begegne. Wie ich in den Wald hinein rufe, so schallt es zurück.

Diese Ermutigungen sind unverzichtbare Lernhilfen.

Fragen an die Eltern

Vater und Mutter wollen bitte – jeder für sich – die Fragen beantworten.

❑ Welche dieser vorangegangenen Aussagen, die Ermutigung beinhalten, fallen mir am schwersten?
Woran liegt das?

❑ Sind meine *Ziele* zu hoch?
Sind meine *Erwartungen* zu hoch?
Sind meine *Ansprüche* an andere zu hoch?

❑ Kann ich meine Erwartungen, Ziele und Ansprüche herunterschrauben, wenn mir durch den Partner (oder Freund) dieser Ehrgeiz zu recht unterstellt wird?

❑ Neige ich mehr zur Kritik bei den Kindern?
Was bewirkt meine Kritik bei den Kindern?

❑ Bin ich eher ein zufriedener oder ein unzufriedener Mensch?
Was beinhaltet das in bezug auf meinen Partner?

❑ Will ich Ziele, die ich selbst nicht erreicht habe, in meinen Kindern verwirklichen?

❑ Ist mir die Zufriedenheit der Kinder wichtiger oder das Ziel, das ich mir für sie gesetzt habe?

❑ Geht es um mein Ansehen? Oder geht es um die Kinder?

❑ Bin ich abhängig von anderen Menschen, was sie über und unsere Kinder denken könnten?

❏ Nehme ich die Gefühle und Meinungen meiner Kinder ernst – auch wenn sie mir verrückt und abwegig erscheinen?

❏ Kann ich die kleinen Beiträge meiner Kinder anerkennen, oder sind sie nicht der Rede wert?

❏ Sind wir als Eltern selbst pünktlich, zuverlässig und halten Versprechungen ein?

❏ Welche Fragen berühren mich am stärksten?
Bin ich bereit, einen der kritischen Punkte, was den Umgang mit unseren Kindern angeht, zu ändern?

❏ Was glaube ich, wünschen sich unsere Kinder von mir als Vater oder Mutter?
Habe ich den Mut, diese Frage unseren Kinder zu stellen?

Der Widerstand Ihres Kindes hat auch mit Umgangsformen zu tun. Wie Sie als Eltern mit Ihren Kindern sprechen, so schallt es zurück.

Negative Formulierungen	Positive Formulierungen
In dem Schweinestall willst du arbeiten?	Vielleicht geht die Arbeit besser, wenn du erst aufräumst?
Los, nun fang endlich an!	Bitte, beeil dich, wir möchten in einer halben Stunde essen!
Deine Gleichgültigkeit raubt mir den letzten Nerv!	Darf ich bitten, eine Viertelstunde konzentriert zu sein!
Mach weiter so, dann wirst du eben Hilfsarbeiter!	Ich vertraue darauf, dass du die Schule schaffen willst!
Ich will das jetzt wissen!	Möchtest du mir das erzählen?
Deine Ansichten sind abgrundtief dämlich!	Deine Ansichten erscheinen mir nicht unbedingt einleuchtend!
Deine Arbeitshaltung ist zum Heulen.	Versuch bitte, etwas konzentrierter zu arbeiten.
Wann kapierst du das endlich?	Du bist sehr enttäuscht. Sollen wir's noch einmal versuchen?
Mach den Mund auf, wenn du mit mir sprichst!	Sprich bitte etwas deutlicher, ich kann dich nicht verstehen!
Mir ist es wurscht, was aus der Schule wird. Mach, was du willst!	Mir ist es nicht gleichgültig, was aus der Schule wird. Aber du entscheidest!

14 Vierzehn allgemeine Regeln für Eltern und Erzieher

Regel Nr. 1:

Nicht Verhaltensweisen beschreiben, sondern verstehen

Eltern und Erzieher neigen dazu, die Verhaltensweisen eines Kindes zu beschreiben. Alle Eigenschaftswörter, mit denen wir unsere Kinder beschreiben, sind Etiketten, die relativ wertlos sind. In der Beratung wimmelt es von Eigenschaften der Kinder, die den Eltern ärgerlich sind.

„Unser Sohn ist *faul.*"

„Unsere Tochter ist träumerisch veranlagt."

„Bernd ist konzentrationsschwach."

„Manfred ist unordentlich."

„Richard ist trotzig."

Alle Eigenschaftswörter sagen nichts über die Motivationen aus. Hilfreiche Fragen, die Eltern und Erzieher sich selbst stellen, lauten:

❏ Welche unbewussten oder bewussten Ziele verfolgt das Kind mit den genannten Verhaltensweisen?

❏ Was erreicht es mit dieser Einstellung? Was erreicht es nicht?

❏ Wen trifft es am härtesten mit seinem Verhalten?

❏ Welcher Elternteil reagiert am betroffensten und warum?

❏ Will das Kind Belastungen ausweichen?

❏ Will es den Eltern seine Macht demonstrieren?

❏ Will es völlig in Ruhe gelassen werden?

Das sind einige Möglichkeiten, die das Verhalten eines Kindes erklären und nicht beschreiben.

Regel Nr. 2:

Das Kind genau beobachten

Eine grundsätzliche Hilfe zur Verhaltensänderung unserer Kinder ist die *genaue Beobachtung*. Das *Verhalten* eines Kindes bietet genügend Gelegenheit, seine Motivationen, seine Beweggründe kennenzulernen. Wozu spielt das Kind welche Rolle? Einige beliebte Rollen, die hier genannt werden, können unsere Beobachtung unterstützen.

- ❑ Spielt es eine Führerrolle?
- ❑ Spielt es den Mitläufer?
- ❑ Spielt es den Hilflosen?
- ❑ Spielt es den Klassenclown?
- ❑ Spielt es den Außenseiter?
- ❑ Spielt es den Eigenbrötler?
- ❑ Spielt es das Musterkind?
- ❑ Spielt es den Moralischen?
- ❑ Spielt es das Mauerblümchen?
- ❑ Spielt es den Ehrgeizigen?
- ❑ Spielt es den Überlegenen?

Was will das Kind mit der Macht dieser Rollen bezwecken? Alle Verhaltensweisen sind als Kräftespiel zwischen Eltern und Kindern und den Geschwistern unter sich zu verstehen. Die Einstellung eines Kindes ist offenbar, auch wenn es kein Wort sagt. Seine gesamte Haltung kann Abwehr, Trotz, Durchsetzungsvermögen, Anpassungsbereitschaft, Aggression, Passivität, Langsamkeit, Überlegenheit, Sturheit, Aktivität, Angst, Höflichkeit und so weiter widerspiegeln. Was haben Eltern getan oder unterlassen, dass das Kind sich für diese Rolle entschieden hat? Welchen Anteil haben Geschwister? Wie haben Eltern und Erzieher ihre Kinder beeinflusst, dass sie sich zu bestimmten Verhaltenstechniken aufrafften? Eltern können durch ihr Verhalten den Lebensstil ihrer Kinder provozieren. Das Kind zieht Schlüsse, positive oder negative, konstruktive oder destruktive.

Regel Nr. 3:

Erst kommt der Lebenspartner, dann kommen die Kinder

In meinen Vorträgen über Erziehungs- oder Ehefragen werde ich nicht müde, zu sagen, dass der Ehepartner Platz Nr. 1 beanspruchen sollte. Nach statistischen Erhebungen dauerte eine Ehe im Jahre 1890 ca. 31 Jahre. Die Eheleute waren ein Leben lang damit beschäftigt, Kinder aufzuziehen. Lediglich ein Jahr ihres Lebens verbrachten sie ohne Kinder. 1998 sehen die Verhältnisse grundlegend anders aus. Die Ehedauer ist im Durchschnitt auf über 45 Jahre angestiegen. Die Zeit, die Eheleute ohne Kinder verbringen, beträgt heute über 20 Jahre. Das ist eine lange Zeit. Sind die Kinder aus dem Haus – und das ist die Regel –, verarmen viele Ehen. Sie kränkeln an kommunikativer Unterernährung. Sie haben sich kaum noch etwas zu sagen. Was haben sie falsch gemacht?

Es ist möglich, dass Mütter ihre Kinder an die erste Stelle gerückt haben. Befriedigung und Freude erhalten sie nicht zuerst aus der ehelichen Beziehung. Es kann sein, dass Mütter ihre Kinder in den Mittelpunkt der Zuwendung rücken, weil die eheliche Beziehung in Frage gestellt ist. Sie verschaffen sich eine Ersatzbefriedigung, klammern sich nicht selten an einzelne oder alle Kinder und machen sie unbewußt abhängig.

Der falsche Stellenwert elterlicher Zuwendung *überbeschützt* die Kinder. Sie werden ständig beaufsichtigt, beachtet, getestet, geführt, überwacht und betreut. Der passive oder aktive Widerstand gegen den elterlichen Herrschaftsanspruch wächst. Die Bevormundung wird eines Tages unangemessen abgeschüttelt.

Überbeschützung und Verwöhnung können aber auch Hilflosigkeit, Langsamkeit, Trödelei, Tagträumerei und Konzentrationsstörungen hervorrufen. Das Kind lässt sich passiv manipulieren, lässt alle Initiative fahren und lebt entmutigt in den Tag hinein. Gelingt es den Eheleuten, ihre Beziehung zueinander befriedigender zu gestalten, lässt ihr *übertriebenes* Interesse an den Kindern nach. Sie stehen nicht in der Gefahr, ihre Kinder zu manipulieren und zu programmieren. Ihr Bedürfnis, Macht auszuüben, verringert sich – zum Wohle des Kindes.

Regel Nr. 4:
Kümmern Sie sich um Ihre eigenen Angelegenheiten!
Fangen Sie in einem Konflikt bei *sich* an.

Der erste Schritt zur Verbesserung einer Lage ist die Erkenntnis, dass wir in jedem Konflikt eine *aktive* Rolle spielen. Wir haben kein Recht, darauf zu bestehen, dass sich der *andere* ändert. Die Lösungen von Schwierigkeiten liegt in *unserer* Hand. Wenn wir darauf warten, bis sich der andere *ändert*, vergeuden wir Zeit, wir verschlimmern die Lage. Wer verändern will, beginnt bei sich selbst. Haben wir uns geändert, kann der andere nicht bleiben, wie er ist. Wir sind nicht da, um irgendeinem Menschen zu sagen, was er zu tun hat, oder um uns vorschreiben zu lassen, was wir tun sollten. Als erstes wissen wir sehr oft, was wir *nicht* tun sollten. Und was sollten wir nicht tun? Das, was unsere Kinder schädigt, beleidigt und enttäuscht. Anstelle der elterlichen Autorität steht die logische Konsequenz, stehen die natürlichen Folgen. Diese logischen Folgen sprechen ihre eigene Sprache. Das Kind kann wählen. Ihm steht die Freiheit zu, es fühlt sich respektiert. Entscheidend ist: Wir treffen unsere Entscheidungen, ohne Druck, ohne Ironie, ohne Vorwürfe, ohne Moralpredigten, ohne Schimpfen und ohne Feindseligkeiten. Der Unterschied zwischen logischen Folgen und Strafe besteht in dem feindlichen Gefühl, das hinter unseren Entscheidungen steht.

Eltern sagen, was ihre Einstellung ist, und handeln. Eltern wahren ihre Interessen und zeigen Kraft, ohne andere zu missbrauchen, ohne zu kämpfen und ohne Herrschaft auszuüben. Die Selbstbestimmung und freie Wahl des Kindes steigert die Selbstachtung.

Regel Nr. 5:

Heraus aus dem Machtkampf

Wir leben in der Illusion, Lösungen werden nur durch Machtverhältnisse, Fortschritt nur durch Kampf entschieden. Vielleicht *denken* wir anders, wir *handeln* aber so. Wir vertrauen der Macht: Herrschaft durch Majorität, Herrschaft durch Alter, Überlegenheit, Druck, Erpressung, Liebenswürdigkeit, Überredung, Stärke und Zahl. Wer Macht ausspielt, wer nicht nachgeben kann, wer auf Prestige bedacht ist – bewusst oder unbewusst – macht gegenseitige Achtung unmöglich. Er hat Angst, beherrscht zu werden, und spielt lieber selbst den Herrn. Aber niemand ist gezwungen zu kämpfen, wenn er nicht will. Wer recht haben will, gießt Öl ins Feuer. Wer sein eigenes Recht haben will, missachtet in der Regel das Recht der anderen. Das gilt für Eltern und für Kinder. Die Argumente, mit denen wir uns rechtfertigen, sind in der Regel nur Waffen in einem Kampf um die Macht. Die einzige Grundlage sozialer Beziehungen ist die *soziale Gleichwertigkeit*. Sie verlangt gegenseitige Achtung, gegenseitige Achtung beinhaltet aber: Achtung vor der Menschenwürde anderer und Selbstachtung. Mangelnde Selbstachtung, also Minderwertigkeits- oder Unterlegenheitsgefühle schüren die Kampfsituation. Wer sich selbst nicht respektiert, wird missachtet und missbraucht. Anstelle der *Übereinkunft* tritt der *Kampf.*

Mangelnde Selbstachtung fordert Kampf, Demütigungen und Niederlagen geradezu heraus.

Regel Nr. 6:

Sarkasmus beeinträchtigt die Leistung

Viele Eltern können es nicht lassen, Faulheit und Leistungsschwäche ihrer Kinder mit sarkastischen Bemerkungen zu bedenken. Für Eltern und Erzieher gilt: Sarkasmus ist kein Ansporn. Er lähmt jeglichen Antrieb. Es gehören schon ein breiter Rücken dazu und eine gehörige Portion Selbstbewußtsein, um Ironie und Sarkasmus ertragen zu können. Kinder haben weder den breiten Rücken noch das Selbstbewußtsein. Sie sind der Lächerlichkeit preisgegeben.

Was wollen Erwachsene mit Sarkasmus und Ironie bezwekken?

Sie sagen, dass sie ihre Kinder anstacheln und anfeuern wollen. Stimmt das wirklich? Sind Sarkasmus und Ironie nicht das Ergebnis von verletzter Eitelkeit? Eltern stacheln nicht an, sondern auf. Sie üben Rache – wenn auch unbewusst. Wie sehen solche sarkastischen Bemerkungen aus?

„Wenn Paganini dein Geigenquietschen hören würde, er würde sich nicht nur im Grabe umdrehen, er würde den ganzen Friedhof umpflügen."

„Unsere Träumerin hat tatsächlich eine Aufgabe richtig."

„Es soll Faule geben, die auch gelegentlich einen Geistesblitz zucken lassen."

„Ach, das ist ja interessant, was du da noch weißt!"

„Ich würde in der Schule hübsch abschreiben, dann sparst du dir deine Energie für das Fußballspielen auf."

Professor Tausch schreibt über eine amerikanische Untersuchung: „Mehrere hundert amerikanischer Lehrerstudenten gaben bei einer Befragung ‚Sarkasmus' unter den ersten fünf Bedingungen an, die ihr Selbstvertrauen während ihrer HighSchool-Zeit am stärksten gemindert hätten. Bei sarkastischen Äußerungen von Lehrern über einzelne Schüler vor der ganzen Klasse ist der negative Effekt besonders groß."[40]

Regel Nr. 7:
Anspornende Konkurrenz entmutigt

Viele Eltern und Erzieher sind fest davon überzeugt, dass ein *anspornendes Konkurrenzstreben* die Arbeitsfreude hebt. Beobachtungen an Kindern bestätigen in der Regel das Gegenteil. Konkurrenzgeist nährt die Auffassung, dass man lernt und arbeitet, um andere *zu überflügeln*. Solche Menschen werden ichbezogen und unfähig zur Zusammenarbeit und setzen sich nur für ihre eigenen Interessen ein. Anspornende Konkurrenz betont die

Hoffnungslosigkeit des *unterlegenen* Kindes und vergrößert im *überlegenen* Kind die Angst, ob es auch weiterhin die Spitze halten kann. Wer aber nicht immer an der Spitze sein kann, fühlt sich schnell als Versager und wirft alles hin. Viele Versager haben aufgegeben, weil sie die Spitze nicht halten konnten. Darum finden wir unter den hochbegabten und sehr ehrgeizigen Kindern auch so viele Versager, die lange Zeit das Klassenniveau weit überholt hatten. Eine Atmosphäre der Konkurrenz in der Klasse – das gilt für Lehrer – verhindert die Integration des Kindes in die Klassengemeinschaft. Konkurrenzbestrebungen zerstören den Gruppengeist und die Moral.

Rudolf Dreikurs schreibt:

„Je weniger einer an Konkurrenz interessiert ist, desto besser kann er sich in einer extremen Konkurrenz bewähren. Wenn er lediglich zufrieden ist, sein Bestes zu tun, dann wird er von dem, was sein Konkurrent tut oder erreicht, nicht gestört. Wer heftig konkurriert, kann Konkurrenz nur ertragen, wenn er Erfolg hat."[41]

Das Konkurrenzstreben fördert die Geringschätzung des anderen und untergräbt das Gemeinschaftsgefühl.

Regel Nr. 8:
Unzufriedenheit mit sich selbst hemmt Leistungen und Wachstum

Die meisten Menschen sind der Meinung, dass sie so, wie sie sind, nicht genügen. Viele Eltern geben unbewusst ihren Kindern zu verstehen, dass sie *nur* einen Wert haben, wenn sie *mehr* leisten, wenn sie vollkommener sind, größere Geschicklichkeit zeigen, wenn sie tüchtiger, reifer, schneller, konzentrierter, ausgeglichener und durchsetzungsfreudiger sind.

Was ist der Erfolg? Kinder bekommen ein Gefühl der Unzulänglichkeit und stellen den eigenen Wert in Frage. Der Zweifel nagt, die Unzufriedenheit wächst, die Freude an der Arbeit sinkt. Zweifel, eine Arbeit leisten zu können, Faulheit und Desinteresse an der Sache sind eintrainiert und eingebildete Minderwertigkeitsgefühle. Sie hemmen das Wachstum, sie beschneiden die Fähigkeiten, untergraben die Leistung und blockieren die Begabung. Noch einmal: Faulheit und jedes persönliche Versagen basiert auf der *irrigen Meinung*, der Betroffene habe keinen Wert innerhalb der Gemeinschaft. Als einzige Alternative glaubt er daher, sich vom Leben, von den Forderungen und Überforderungen zurückziehen zu müssen. Er versteckt sich hinter seiner vorgeblichen Unfähigkeit.

Das Kind, das seinen Wert beweisen muss oder will, gibt damit zu erkennen, dass es keinen Wert hat. Es lebt ja im Zweifel seines Wertes. Alle Versuche, den eigenen Wert zu *beweisen*, führen ins Dilemma. Der Weg ins Versagen ist vorgezeichnet. Wer nach Erfolg strebt und *glaubt*, nach Erfolg streben zu müssen, rechnet mit Angst zu versagen. Beides geht Hand in Hand. Die Freude und Befriedigung an der Arbeit an sich sind erheblich getrübt.

Regel Nr. 9:
Entmutigung durch gute Absichten

Gute Absichten und ihre Wirkungen sind zwei Dinge. Die Mutter sagt: „Du kannst es besser machen, ich weiß es!" Dies ist niemals eine Ermutigung. Sie sagt ja, dass das Getane schlecht ist. Der Vater sagt: „Als ich so alt war wie du jetzt, habe ich täglich drei Stunden Schularbeiten gemacht". Der guten Absicht des Vaters entspricht das negative Selbstbild des Kindes: „Er liebt mich nicht, so wie ich bin, bin ich nutzlos. Er war fleißig, ich bin faul."

Die Mutter hat zweifellos eine gute Absicht, wenn sie sagt: „Ewald, bei deiner Intelligenz kannst du entscheidend mehr leisten." Das Kind denkt: „So sehr ich mir auch Mühe gebe, ich kann die Erwartungen der Mutter doch nicht erfüllen. Es hat ja alles keinen Zweck."

Edward Bullwer Lytton schrieb den Satz: „Es ist schwer zu unterscheiden, wer das größere Unheil anrichtet, die Freunde mit den besten Absichten oder der Feind mit den schlechtesten."

Mit guten Absichten der Eltern habe ich schlechte Erfahrungen gemacht. Gute Absichten sind in der Regel Erziehungsfehler. Eltern wollen das Beste für ihr Kind, *sie* wissen, was beruflich das Geeignetste ist, *sie* haben klar erkannt, welches Instrument den Kindern einmal große Freude vermitteln wird. *Sie* haben ein sicheres Gefühl dafür, welche Kleidung den Kindern am besten steht, *sie* lassen sich nicht davon abbringen, dass die Kinder das Gymnasium, die Technische Hochschule, die Hauswirtschaftsschule, die Handelsschule, die Pädagogische Hochschule oder die Fachhochschule besuchen müssen. *Sie* vertrauen auf ihre jahrzehntelangen Erfahrungen und möchten sie den Kindern anraten. *Sie* sind fest von ihren guten Absichten überzeugt und zwingen sie ihren Kindern mehr oder weniger auf.

Was ist an den guten Absichten problematisch? Partnerschaft lebt vom *Dialog* und nicht vom Monolog. Der Monolog ist sozusagen ein Diktat. Das Gespräch zwischen Alten und Jungen leidet daran, dass die Erwachsenen viel *für* die Jungen tun wollen, sie haben aber nicht gelernt, viel *mit* den Jungen zu tun. Eltern und Kinder stehen nebeneinander und nicht übereinander. Darum werden alle Entschlüsse *gemeinsam* gefasst. Leistungsprobleme, Schulwechsel, Berufswahl, Ausbildungs- und Zukunftspläne werden gemeinsam abgeklärt.

Regel Nr. 10:
Rückfälle einkalkulieren!
Faulheit, Konzentrationsschwäche oder irgendein anderes Fehlverhalten sind Handlungen, die das Kind über Jahre hinweg eingeübt hat. Es ist von daher selbstverständlich, dass nicht von heute auf morgen eine radikale Wende eingeleitet werden kann. Das Kind muss bis in die Tiefe seiner Existenz eine neue Einstellung zur Welt, zu den Mitmenschen und zu sich selbst aufbauen. Das geschieht schrittweise. Besonders *pessimistische* Eltern neigen dazu, ihre Enttäuschungen kundzutun.

„Ich habe mir das gleich gedacht, dass dein neues Verhalten nicht lange anhält."

„Deine Besserungsversuche kann man gar nicht ernst nehmen."

„Man kann sich einfach nicht auf dich verlassen. Du versprichst das Blaue vom Himmel herunter!"

„Es hat ja alles keinen Zweck. Auf dich ist doch kein Verlass!"

Eltern fallen in alte Verhaltensweisen zurück. Erpressungen und Schimpfen sind solche Reaktionsweisen. Sie zweifeln an den Ratschlägen und Hilfen, die sie in der Beratung durchgesprochen haben und die sie gelesen haben. Sie suchen nach Erklärungen, und sie finden auch Gründe für ihr Umschwenken.

„Diese neumodischen Sachen helfen auch nicht weiter!"

„Man gibt den Kindern immer nach. Die *müssen* härter angepackt werden, damit sie zur Besinnung kommen!"

„Unsere Eltern und Großeltern waren mit ihren Methoden auch keine Versager in der Erziehung!"

Viele Eltern werden rückfällig, Kinder auf die Probe zu stellen. Sie vergessen, dass misstrauische Eltern auch von den Kindern auf die Probe gestellt werden. Bisher haben die Eltern bei schlechten Noten, Faulheit und Schulschwierigkeiten sofort mit Bestrafung reagiert.

Auch das Kind ist misstrauisch und testet, ob die Eltern von ihren alten Reaktionsmustern ablassen können und ob sie es in der Tat gut mit den Kindern meinen. Wird das Kind in seiner Meinung bestätigt, dass Eltern ihren Pessimismus nicht aufgeben und ihre negativen Befürchtungen nicht abbauen können, fällt das Kind unbewusst wieder in sein Fehlverhalten zurück. Es ist entmutigt, verliert den Glauben an sich, weil die Eltern nicht mehr an das Kind glauben. Rückfälle gehören zum Heilungs- und Reifungsprozeß. Eltern müssen sie in Rechnung stellen.

Regel Nr. 11:

Schulschwierigkeiten – sprechen Sie mit dem Lehrer!

Haben Sie den Mut, mit den Lehrern zu sprechen und gezielte Fragen zu stellen. Ein Fragenkatalog kann Ihnen helfen, die Lern- und Schulschwierigkeiten Ihres Kindes besser zu erfassen:

- ❑ Wie verhält sich mein Kind während des Unterrichts? Arbeitet es mit?

- ❑ Fällt mein Kind durch „stürmische" Mitarbeit auf, oder ist es ein stiller „Arbeiter"?

- ❑ Träumt mein Kind? Stellen Sie als Lehrer fest, dass es nicht bei der Sache ist?

- ❑ Ist mein Kind unaufmerksam und unkonzentriert? Versucht es, den Unterricht zu stören? Fällt es unangenehm auf?

- ❑ Stellt mein Kind Fragen? Sind die Fragen sinnvoll? Passen sie zum Unterrichtsthema?

- ❑ Stört mein Kind den Unterricht? Wie äußert sich das? Ärgert es die Mitschüler? Woran kann das liegen?

- ❑ Wo sitzt mein Kind? Vorne, hinten oder in der Mitte?

- ❑ Welche erzieherischen Maßnahmen wenden Sie als Lehrer an, um mein Kind zur Mitarbeit zu bewegen? Welche Strafen stehen Ihnen zur Verfügung? Machen Sie Gebrauch davon?

- ❑ Benachrichtigen Sie die Eltern, wenn das Kind etwas Ungehöriges getan hat oder wenn seine Leistungen mangelhaft sind?

- ❑ Wie kann ich – in Zusammenarbeit mit der Schule – zu Hause auf mein Kind einwirken, damit es sich in gewünschter Weise verhält?

- ❑ Wie ist die Arbeitshaltung meines Kindes? Erledigt es unverzüglich – ohne zu murren oder zu zögern – Arbeitsaufträge?

- ❑ Kann sich mein Kind konzentrieren? Besitzt es genug Arbeitseifer? Ermüdet es rasch?

- ❑ Wie lange braucht mein Kind zur Erledigung von schriftlichen Aufgaben?

❑ Ist mein Kind hilfsbereit?

❑ Ist mein Kind manchmal geistig abwesend?

❑ Vergisst es Arbeitsmaterial oder Hausaufgaben?

❑ Was halten Sie von der Einführung eines Aufgabenheftes? Ich persönlich würde sie befürworten, weil ...

❑ Wie und wann stellen Sie die Hausaufgaben? Wie kontrollieren Sie?

❑ Sammeln Sie häufig die Schulhefte ein?[42]

Regel Nr. 12:

Wichtig ist eine gute Atmosphäre

Angst und Unsicherheit in der Familie rufen Widerstand und Denkblockaden hervor. Welche Faktoren sind wichtig, um eine positive Lernatmosphäre zu schaffen?

❑ Wir *achten* unser Kind.

❑ Wir vermitteln *Wärme*.

❑ Wir nehmen *Rücksicht*.

❑ Wir praktizieren ein *einfühlendes Verstehen*.

❑ Wir hören *aufmerksam* zu.

❑ Wir halten *Blickkontakt*.

❑ Wir *überprüfen* unser eigenes Verhalten selbstkritisch.

❑ Wir fragen uns: „Setze ich mein Kind unter *Druck*?"

❑ Wir fragen uns: „Haben wir überhöhte *Erwartungen*?"

❑ Wir fragen uns: „Sind wir *geduldig* genug?"

❑ Sind wir *höflich* gegenüber unserem Kind?

❑ Können wir *bitten* statt befehlen?

❑ Können wir das *Bevormunden* unterlassen?

❑ Sehen wir uns als *gleichwertige* Partner?

❑ An welcher Stelle entdecken wir als Eltern und Erzieher Defizite?

❑ Sind wir bereit, die elterlichen Schwachstellen zu verändern?

❑ Immer wieder die Regel: Beginnen Sie mit *einer* Verhaltensänderung!

Regel Nr. 13:

Eltern als Vorbilder

Kinder und Heranwachsende suchen und brauchen Vorbilder. Die Selbstfindung geschieht nicht im luftleeren Raum.

Lernfähigkeit hat mit dem Vorbild der Eltern zu tun; *Freundschaftsfähigkeit* wird den Kindern vorgelebt; *Sorgfalt und Gründlichkeit* werden im Elternhaus eingeübt.

Eltern sind *Modelle*, die befragt und hinterfragt werden können. Sie werden imitiert und getestet. Vorbilder sind Leitbilder und Orientierungshilfen im Selbstfindungsprozeß.

Vorbilder drängen sich nicht auf.

Vorbilder arbeiten nicht mit Erpressung.

Vorbilder zwingen nicht zur Leistung.

Vorbilder praktizieren Verantwortung, Pflicht, Pünktlichkeit und Geduld.

Vorbilder, das Wort sagt es, *leben vor*, was sie denken, fühlen und glauben. Sie entmündigen nicht und machen nicht klein.

Es ist keine Frage, dass Lernstörungen immer auch etwas mit den Eltern und Beziehungspersonen zu tun haben. Vorbild bedeutet, den Kindern ein Bild von sich anzubieten. Welches Bild vermitteln wir Ihnen?

Paulus schreibt im Philipperbrief: „Haltet euch an mein Vorbild. Nehmt euch ein Beispiel an denen, die so leben, wie ihr es an mir seht" (Phil. 3,17). Wenn Wort und Tat übereinstimmen, sind wir Vorbild. Wenn Denken und Verhalten identisch sind, müssen wir nicht schreien, können wir auf Strafen und Zwänge verzichten. Je weniger wir als Vorbilder leben, desto mehr müssen Regeln, Verbote und Gebote erzwungen werden. Vorbilder müssen nicht perfekt und vollkommen sein. Eltern, die ehrlich und echt sind, stehen für Fehler und Schwächen ein. Sie sind stimmig im Reden und Handeln. Und dieses Vorbild erleichtert die Erziehung. Unruhe, falscher Ehrgeiz, Hektik und Nervosität werden auf Kinder übertragen. Vor allem Kinder mit Lern- und Leistungsstörungen werden negativ beeinflußt und in ihrer Verhaltensauffälligkeit verstärkt.

Orientierungslosigkeit und Entscheidungsunfähigkeit sind Mängel der Erzieher, die Leistungsstörungen bei Kindern verschlimmern. Sie irren durch den Tag, ihnen fehlen Halt und Klarheit. Vorbilder leben ihr eigenes Leben. Sie zwingen ihren Kindern nicht ihren Stil auf. Sie überzeugen durch ihr Sein, nicht durch Schein.

Regel Nr. 14:
Ich kann meine Einstellung ändern!
Denn Faulheit ist keine Stoffwechselstörung und kein vererbter Persönlichkeitsdefekt. Faulheit ist Mittel zum Zweck. Faulheit ist eine schlechte Gewohnheit. Das Denken des Faulen ist in Unordnung. Er selbst macht sich was vor. Seine Selbsteinreden sind irrational.

In den Sprüchen bringt es ein Vers auf den Punkt: „Der Träge oder Faule spricht: Ein Löwe ist auf der Gasse, und mitten in den Straßen könnte ich ermordet werden" (Sprüche 22,13). Der Faule hält felsenfest an seinen Vorurteilen und irrationalen Überzeugungen fest. Die Angst, die er damit produziert, verhindert, dass er ins feindliche Leben geht. Seine Einbildungen lähmen seine Tatkraft. Seine Vorurteile machen ihn arbeitsunfähig.

Albert Einstein sagte: „Es ist leichter, ein Atom zu spalten als ein Vorurteil." Der Faule will faul sein. Er wird zu seiner Entschuldigung vorbringen: „Ich kann nicht aus meiner Haut." Im Klartext heißt das: Er will seine falschen Denkziele nicht ändern. Hier liegt die Hoffnung. An dieser Stelle beginnt die Kurskorrektur.

> Ändert der Faule seine falsche Lebenseinstellung, seine irrigen Ziele, ändern sich Fleiß, Noten, Motivation und Lernstörungen.

Ändert der Faule seine falsche Lebenseinstellung, seine irrigen Ziele, ändern sich Fleiß, Noten, Motivation und Lernstörungen.

Unter den Menschen gibt es viele Träge, Faule, Zauderer, Entscheidungsschwache, Grübler und Angstneurotiker. Sie verhalten sich alle gleich. Sie fliehen vor der Front des Lebens. Sie weichen Forderungen, Aufgaben aus. Sie reden sich ein: „Gegen meine Gefühle bin ich machtlos." Falsch. Gefühle sind Werkzeuge. Gefühle werden benutzt, in Dienst gestellt. Gefühle sind Instrumente meines Denkens.

Die Bibel sagt: „Tut Buße (ändert euer Denken!)." Die Folge wird sein, dass die Richtung unseres Denkens, Sehens, Fühlens und Wollens sich ändert. Wer sich von seinen Vorurteilen und Befürchtungen bestimmen läßt, wie der Vers in den Sprüchen klug und ironisch formuliert, tritt auf der Stelle, blockiert seine Aktivität und Tatkraft. Er unterläuft seine Fähigkeiten.

> **Gefühle sind Instrumente meines Denkens.**

Gott sei Dank: Wir können unsere Ziele ändern. Wir müssen nicht mit Faulheit geschlagen sein. Wer mit Gottes Hilfe einen Denkumschwung wagt, glaubt wieder an sich und traut sich einiges zu. Die Faulheit als Arbeitsstörung wird überwunden.

Literaturverzeichnis

1 Reinhard Hörl, *Die Zukunft unserer Kinder – für eine moderne Erziehung*. Deutscher Taschenbuch Verlag, München 1972, S. 158.

2 Rudolf Dreikurs, *Grundbegriffe der Individualpsychologie*. Klett Verlag, Stuttgart 1969, S. 161.

3 Rudolf Dreikurs, a.a.O., S. 161.

4 Erich E. Geissler, *Begabung* in: Die Zukunft unserer Kinder – für eine moderne Erziehung, a.a.O., S. 175f.

5 Alfred Adler, *Praxis und Theorie der Inidividualpsychologie*. J.F. Bergmann, München, [3]1927, S. 137.

6 Heinz L. Ansbacher/Rowena R. Ansbacher, Alfred Adlers Individualpsychologie. Ernst Reinhardt Verlag, München/Basel, 1972, S. 360.

7 Aus: *Psychologie heute*, 9/1996, S. 10 f.

8 Ingrid Glomp, in: *Psychologie heute*, 9/1996, S. 11.

9 Aus: Ulric Neisser, *Intelligenz, das ist die Fülle und Vielfalt des Lebens*, in: Heiko Ernst, *Der innere Kosmos*. Heyne, München 1994, S. 109.

10 Christopher Schrader, *Der falsch vermessene Verstand*, in *GEO-Wissen*, 3/1992, S. 71.

11 Robert J. Steinberg, *Erfolgsintelligenz*, in *Psychologie heute*, 3/1998, S. 20ff.

12 Horst Eberhard Richter, *Der Gotteskomplex*, Rowohlt Verlag, Reinbek 1990, S. 165.

13 Robert J. Sternberg, a.a.O., S. 21f.

14 Alfred Adler, *Internationale Zeitschrift Individualpsychologie*, 1927, S. 941.

15 Aus: Fritz Jansen/Uta Streit, *Eltern als Therapeuten*, Springer Verlag, Berlin/Heidelberg, 1992, S. 85.

16 Aus: Fritz Jansen/Uta Streit, a.a.O., S. 97.

17 Aus: Fritz Jansen/Uta Streit, a.a.O., S. 100.

18 Aus: Fritz Jansen/Uta Streit, a.a.O., S. 204.

19 Gustav Keller/Brigitte Thewald, *So helfe ich meinem Schulkind*, Verlag Quelle & Meier, Heidelberg/Wiesbaden [2]1994, S. 72.

20 Barbro von Hilgers in: *Psychologie heute*, 2/1998, S. 6.

21 In Anlehnung an: Sam Horn, *Konzentration*, Verlag Überreuter, Wien 1993

22 Alfred Adler, *Menschenkenntnis*, Fischer Bücherei, Frankfurt a.M. 1973, S. 229.

23 Rudolf Dreikurs, *Soziale Gleichwertigkeit*, Fischer Taschenbuch, Frankfurt a.M. 1973, S. 39

24 Alfred Adler, *Der Sinn des Lebens*, Fischer Taschenbuch, Frankfurt a.M. 1973, S. 8

25 Viktor E. Frankl, *Psychotherapie für jedermann*, Herder Bücherei, Freiburg 1997, S. 19

26 Erik Blumenthal, *Wege zur inneren Freiheit – Praxis und Theorie der Selbsterziehung*, Rex Verlag, München 1972, S. 37f.

27 Otto R. Gaier, *Der Riß geht durch die Kinder*, Knaur Verlag, München 1991, S. 32f.

28 Aus: *Der Spiegel*, 47/1997, S. 101.

29 Aus: *Psychologie heute*, 2/1998, „Happy together", S. 8

30 Christa Mewes, *Die Schulnöte unserer Kinder*, Furche Verlag, Hamburg [4]1973, S. 65f.

31 Reinhard Tausch/Annemarie Tausch, *Erziehungspsychologie*, Verlag für Psychologie, C. J. Hogrefe, Göttingen [3]1970, S. 339f.

32 Thomas Gordon, *Familienkonferenz*, Hoffmann und Campe, Hamburg 1972, S. 269f.

33 Helmut Zöpfl, *Wenn Eltern zu ehrgeizig sind*, in: *Das Beste*, 2/1998, S. 53f.

34 Helmut Zöpfl, a.a.O., S. 55.

35 Helmut Thielicke, *Wie die Welt begann*, Quell Verlag, Stuttgart 1963, S. 152f.

36 Heinz L. Ansbacher/Rowena R. Ansbacher, a.a.O., S. 301.
37 Rudolf Dreikurs, *Soziale Gleichwertigkeit*, a.a.O., S. 216f.
38 Alfred Adler, in: *Internationale Zeitschrift Individualpsychologie*, 1927, S. 409.
39 Thomas Gordon, a.a.O., S. 269f.
40 Reinhard Tausch/Annemarie Tausch, a.a.O., S. 383.
41 Rudolf Dreikurs, *Psychologie im Klassenzimmer*, Klett Verlag, Stuttgart [3]1969, S. 88.
42 Karin u. Rüdiger Kohl, *Schule ohne Streß*, Econ Verlag, Düsseldorf und Wien, 1980, S. 123f.

Stichwortverzeichnis